当代大学生美育研究

刘华芳◎著

吉林出版集团股份有限公司
全国百佳图书出版单位

图书在版编目（CIP）数据

当代大学生美育研究 / 刘华芳著 . -- 长春 : 吉林出版集团股份有限公司 , 2024. 12. -- ISBN 978-7-5731-6113-0

Ⅰ . G40-014

中国国家版本馆 CIP 数据核字第 2024VL4066 号

当代大学生美育研究

DANGDAI DAXUESHENG MEIYU YANJIU

著　　者　刘华芳
责任编辑　李　娇
封面设计　守正文化
开　　本　710mm × 1000mm　　1/16
字　　数　176 千
印　　张　10
版　　次　2025 年 1 月第 1 版
印　　次　2025 年 1 月第 1 次印刷
印　　刷　天津和萱印刷有限公司

出　　版　吉林出版集团股份有限公司
发　　行　吉林出版集团股份有限公司
地　　址　吉林省长春市福祉大路 5788 号
邮　　编　130000
电　　话　0431-81629968
邮　　箱　11915286@qq.com
书　　号　ISBN 978-7-5731-6113-0
定　　价　60.00 元

版权所有　翻印必究

前 言

美育是审美教学与美感教学的结合。美育起源于原始社会人类所进行的教育。随着社会的发展，美育逐渐成为一门独立的学科，囊括感性、趣味、人格等多个方面的内容，是一个有机的综合系统。高校美育的作用不言而喻。在当前大学生美育的过程中，高校需要建立完善的美育课程体系，严格按照人才培养标准，积极落实立德树人的任务，培养人格完美的大学生，提升大学生的审美能力，从而推进中国式现代化的美育实践，为新时代中国特色社会主义建设培育更多优秀的人才。

大学生美育在提升大学生审美素养的过程中发挥着十分重要的作用，有利于落实立德树人的根本任务，有利于提升学生的综合素质，也有利于提升学生的创造能力。针对如今大学生美育开展的现状，高校需要充分结合大学生的身心特点和美育目标，全面做好美育工作，为人才培养提供全方位的支撑。

为了适应时代发展的要求，高校要科学合理地设计美育方案，为学生提供更加专业的指导，真正让学生享受美育过程，充分发挥美育的重要作用，构建完善的美育课程体系，制定科学合理的美育目标，指导大学生进行多样性的美育实践，真正培养大学生的自然之美和人格之美，提升大学生的审美能力，增强大学生美的体验，从而培养更加优秀的大学生。

笔者在撰写本书的过程中参考了大量相关著作，如参考了李泽厚的《批判哲学的批判——康德述评》、陈锐的《美育与艺术鉴赏》等，从中提炼出有关美育的概念、特征、功能、原则并进行了扩充；参考了王勇的《大学生体育美育社会化新探》、于海明的《高校钢琴与美育教学研究》等，对大学生美育内容中的艺术美、自然美、社会美、科学美、心灵美等进行了分析和论述。此外，笔者还参考了部分相关论文，如杨丽娟的《新时代地方高校美育现状与对策研究——以江西省四所地方高校为例》、杨丹月的《美育融入大学生思想政治教育的对策研究》、赵亦菲的《蔡元培美育思想与中国当代女大学生审美人格培养研究》、李昊灿的

《高校美育的思想政治教育功能研究》、张傲的《“00后”大学生审美现状调查与美育路径研究》等，得到了很多关于大学生美育培养的启示。

本书论述的重点是当代大学生的美育，并结合我国的美育政策进行了深入的分析，还对大学生的审美现状、美育目标以及大学美育评价体系进行了深入的探索。不过由于篇幅限制，有很多观点未曾涉及，也有部分内容没有深入，如大学生美育中的科技美。

在撰写本书的过程中，笔者参考了大量的学术文献，得到了许多专家、学者的帮助，在此表示真诚的感谢。由于笔者水平有限，书中难免有疏漏之处，希望广大同行批评指正。

刘华芳

2023 年 1 月

目 录

第一章　美育概述

美育，又称为美感教育，即通过培养人们认识美、体验美、感受美、欣赏美和创造美的能力，从而使人们具有美的理想、美的情操、美的品格和美的素养。

本章共包含五部分内容，分别为美育的概念、美育的特征、美育的功能、美育的原则、我国的美育政策。

第一节　美育的概念

美育融合了审美教学与美感教学，是通过对学生进行系统全面的教育，让学生发现美、认识美、欣赏美及创造美，培养学生美的品格、素养及情操。从广义的角度来看，美育就是把美学理念、美学理论等渗透到各个学科的教育，体现了普遍性的原则。从狭义的角度来看，美育主要是指艺术教育，具体包括美感教育、审美教育等。随着人类社会的发展，美育在不同时期经历了不同的发展阶段，内涵也日益完善。

截至目前，学术界关于美育都没有一个统一的定义。有的人认为美育是德育的一部分，有的人认为美育是艺术教育的一部分，也有的人认为美育属于情感教育、感性教育、趣味教育、人格教育、审美心理构建教育等。笔者认为，美育就是美学与教育相融合的产物，是美感教育、审美教育，是通过运用美学理论或者美学思想帮助人们发现美、欣赏美、创造美的实践活动，能够使人们形成正确的审美观念，掌握科学的审美方法，提高人们的审美情趣、审美能力的学科。在我国，通过王国维、蔡元培、鲁迅、梁启超等人的倡导，美育才成为一门独立的学科。1901 年，蔡元培率先使用了“美育”的概念，并在之后提出了“以美育代宗教”说。在这一时期，关于美育的著作有很多，如蔡元培的《美育实施的方法》、李石岑的《美育之原理》、太玄和余尚同等著的《教育之美学的基础》、小林见澄等著的《艺术教育论》等，都有效推动了我国近代美育的发展。美育作为近代教育学的重要内容，被广泛应用到教育实践中，推动了教育现代化的进程。

一、美育属于感性教育

杜卫认为，美育的基本内涵和意义就是感性教育，是能够促进人的全面发展，有利于培养人们健全人格的教育。在约翰·克里斯托夫·弗里德里希·冯·席勒看来，美育明确了感性教育的作用和价值，以发展人的感性为主要任务，追求人的完满，实现人的全面发展。美育属于感性教育，在艺术教育中占重要地位，主要培养个体的审美意识，激发其潜在的活力；在突出想象和情感教育的基础上，让教育变得生动活泼，更具吸引力，从而促进人的全面发展。美育虽然属于感性教育，但不是完全排斥或者抛弃理性教育，而是与理性教育相互促进、相互包容的。在美育工作开展的过程中，教师要不断创新教学方法，转变教育理念，坚持与时俱进，要协调好感性教育与理性教育的关系，把美育渗透到各个学科的教学中，发挥融合教育的作用，从而实现美育育人的目标。

二、美育属于情感教育

梁启超认为，教育要重视培养学生欣赏美的能力。王国维把美育与智育、德育放在同等重要的位置，认为美育是教育体系中不可或缺的内容。蔡元培认为，美育能够培养学生的情感，陶冶学生的情操。美育作为教育活动，在开展过程中，其内在的情感性让教育极具感染性，很容易引起被教育者的共鸣。情感性是美育非常重要的特点，贯穿教育的全过程，没有情感的美育就不是美育。但是，从基本内容来看，美育与情感教育有所不同，美育虽然与情感教育有着密切关系，却不等同于情感教育。美育作为一种媒介和手段，能够有效激发人的审美情感，提升人的审美能力。

三、美育属于生态式艺术教育

艺术活动是一种以个体的艺术创造为基本表现形式的精神活动，深刻影响着社会的发展。生态式艺术教育能够提升人的审美能力，给人以全新的美的体验和感受；能够培养人的创新实践能力，增强教育的有效性和实效性，提升美育的效果；能够培养人的环保理念和环保意识，通过形式多样的艺术实践活动，不断激发人们参与的积极性。美育作为生态式艺术教育，能够提升人的艺术素养和水平。生态式艺术教育是由滕守尧先生首先提出的，在他看来，生态式艺术教育就是以人本主义思想为核心，吸收中国传统美育思想——“天人合一”的精神，以音乐、美术、舞蹈、绘画及设计等多种学科为代表的综合艺术教育，追求人与自然的和谐相处，实现美学、艺术等学科的融合，不断推动音乐专业、美术专业、戏剧专业、舞蹈专业等以生态形式交叉与渗透，彰显出美育内在的价值。

四、美育属于创造教育

国家的发展离不开创新，而创新的关键在于培养人才，培养人才的基础在于教育。美育不仅可以陶冶学生的情操，还能培养学生的创新意识和创新能力，使其保持感性与理性的统一；激发学生内在的活力，使其具有持续的创造力。美育能够不断实现生命活力的更新，彰显个体生命的特质，为学生的创造力提供重要的源泉。因此，在开展美育的过程中，教师通过美育可以培养学生的创造力，指导学生自我创造。美育可以自由释放学生内在的情感，减轻其深层的心理压力，使其时刻保持旺盛的生命力，形成一种创造性机制和范式，为艺术创造和科技研发提供源源不断的灵感。教师应鼓励学生进行创造，彰显个性，积极去探索和发现世界，提升创新能力，掌握更多的创新方法；教师应培养学生的创新意识，培养学生良好的直觉能力，让学生利用自己的直觉、想象及情感等形成创造审美意象的能力。这样既有利于学生综合能力的发展，又能够培养学生的创造性思维。

五、美育属于人格教育

美育能够为学生提供精神动力，协调统一各种能力，帮助学生树立健康的理念，提升认知能力和审美能力，保持良好的道德，健全人格。美育能够激发学生内在的潜能，培养其不同的能力，使其始终保持活力和创造力，在认识活动、实践活动及道德活动中能够彰显出人格魅力和完整的个体生命力，培养其内驱力和能动性。2015 年，国务院办公厅颁布的《关于全面加强和改进学校美育工作的意见》明确了美育的性质和作用，提出要加强对学生审美、道德及心灵等方面的教育，提升学生的审美素养，培养学生积极、健康的情感和趣味，使学生有良好的气质、宽广的胸襟、美丽的心灵、乐观的精神、高尚的追求等，养成学生健全的人格。美育要充分融入社会主义核心价值观和中华优秀传统文化，真正引导学生树立正确的价值观和民族观，重视学生人格的养成，不断拓宽美育范围，组织多样性的美育活动，加强学生之间的交流；树立正确的美育观，关注学生审美素质的提升，培养高素质的学生。随着新时代的发展，美育工作要充分彰显时代价值，传承和发展优秀的传统文化，提升学生的文化素养，不断丰富高校美育的内容，为学生提供更加有益的指导，塑造其和谐的人格。

第二节　美育的特征

在大量的美育实践中，美育体现出了多方面的特征。美育既具备一般教育的特征，又有其独有的特征。通过研究美育特征，我们可以发现美育内在的规律，更好地为美育的开展提供指导和帮助，提升美育的效果。下面主要从形象性、趣味性、复杂性、感染性、能动性及普遍性等六个方面分析美育的基本特征。

一、形象性

在现实生活中，美存在于具体的形象中。美一旦离开了形象，就无法给人带来美感。在生活中，常见的艺术作品都是通过具体的形象——音、形、光、色表现出不同的美学价值的，这就需要人们善于观察美、发现美。在美育的过程中，教师要通过具体的形象开展教学活动，并在其中融入饱满的情感，以打动学生的心灵，引起学生的共鸣，陶冶学生的情操，提升学生的思想境界和精神气质，给学生以美的感受。美育多以形象为先导，让学生对眼前真实存在的事物进行分析，属于一种直接的感知，如优美的自然景色、好看的绘画、动听的音乐、高雅的诗词歌赋等，都属于具体的审美形象，能够给学生美的享受，使学生感受美的愉悦，激发学生内在的审美情感，为开展美育创造良好的条件。

美育涉及的范围非常广泛，内容多种多样，教师可以根据教学要求，选择符合美育主题的资源开展美育教学活动。学生不需要进行深刻的分析和复杂的推理，只需要感受具体的形态，挖掘自己的内在情感。美育过程蕴含着丰富的价值观念、人生感悟和审美体会。美育更加重视学生审美能力的提升，教师可以通过具体的形象解释美育内在的审美特征和审美规律，提升学生的审美素质、审美意识、审美能力，帮助学生树立正确的审美观念，进一步提升学生的感知能力、体验能力及评价能力。

二、趣味性

美育作为一种趣味教育，具有趣味性特征。美育通过对学生进行趣味性的引导，让枯燥的内容变得更加有趣。为了提升美育的趣味性，教师需要采用多样性的教学方法，以美的形象吸引学生，提升美育的吸引性，培养学生积极健康的趣味，满足学生多样性的审美需求。趣味是生活的原动力，生活如果没有趣味，就会失去色彩和意义。在美育的过程中，趣味性的教学方法和教学内容不仅可以激发学生参与的积极性，还能提升学生的审美能力和鉴赏能力，塑造学生良好的品格。

美育更加关注对学生的趣味引导，这需要从基础抓起，帮助学生摆脱低级趣味，追求高级趣味，激发学生的审美本能，让学习和生活变得更加有趣生动，而不是简单枯燥。美育属于一种精神性的教育，追求更高的精神境界，来源于普通生活，却高于生活，可以提升教育品质。美育让教育更加充满活力，富有生机，能够营造出有趣的教学氛围，彰显学生的个性，激发学生的创新动力和创新意识，丰富教育形式，为学生提供更多表现自我的机会。美育的趣味性会影响学生的日常生活和学习，好的美育能够让学生感受到快乐，消愁解闷，抵制消极情绪，真正享受生活。

三、复杂性

客观世界的复杂性导致了人类审美属性的复杂性。从社会发展的角度来看，美育是多层次的，从而产生了各种形式的美育形态，教师可以根据实际情况，组织美育活动，充分发挥不同美育形态的不同作用，提升学生的审美意识和审美能力，形成良好的道德风尚。第一，从自然形态来看，美丽的自然景观和人文景观都能给人美的享受，美育的自然形态多为自然界中的各种美好的事物，人们接近、亲近自然，从而产生相应的美育效应。第二，从意识形态来看，美育与意识形态的融合对教育具有很强的指导作用。在教育目标上，教师要按照美育意识形态的要求，制定合理的教育目标和教育任务，培养学生的想象力和创造力，为后续工作的开展打下良好的基础。在教育评价上，教师要根据美育理论与意识形态要求等对学生的艺术水平进行评价，帮助学生进行学习与创新。基于此，教师要根据学生的基本情况，抽丝剥茧，探索美育的规律，选择不同的美育形态，为学生提供更加科学合理的指导。

四、感染性

美育是一种“化育”，在潜移默化的教育中影响和感染学生，陶冶学生的情操，提升学生的审美意识。如果没有美育，就不能促进学生的全面发展。美育的目的不是一朝一夕就能实现的，需要长期的、系统的教育来指导学生充分认识自然和社会中的美，培养他们发现美的眼光和能力，使他们能够以美的眼光来看待周围的世界，培养他们的审美意识和创造力。

与普通的知识教育不同，美育在教学方法和途径上要“润物细无声”，潜移默化地把美育理论和观念逐渐渗透到学生心中，促进学生的全面协调发展。美育有利于提升学生的道德。美育教师要在教学活动中，通过具体的案例感染学生，培养学生善于观察和欣赏的能力，不断发现生活中的美，使学生树立高尚、诚挚、善良的品质。在中国的传统美学中，道德、智力、美感三者是统一的，是相互贯通的，通常是融合培养的。教师要将美育、德育、智育结合起来，重点做好审美教育，健全学生的人格，使学生保持健康的心灵，主动摒弃低级趣味。根据亚伯拉罕·马斯洛的需要层次理论可知，在不同层次，人们的需求是不同的。美育可以满足学生心理层面的需求，丰富他们的精神世界，避免他们出现空虚、无聊等问题。从本质上讲，美育是一种生命和情感的教育，也是关乎人生观的教育，美育教师要从学生的实际审美需求出发，完善审美内容，这离不开教师在日常工作中一点一滴的积累和引导，只有这样才能真正做到以美启真、以美储善，培养身心健康、全面发展的人。由此可知，美育对于人们性情的陶冶、情感的净化都不是一朝一夕完成的，春风化雨，沁人心脾，需要教师对学生进行长期的指导和教学，让学生具备良好的审美意识，提升学生的审美能力。

五、能动性

美育的能动性表现在审美主体在美育过程中有着创造性。为了提升学生的审美水平，教师要激发学生参与美育的能动性。美育需激发学生的情感体验，主体通过创造性想象对对象作动情的感悟，实现美的享受。

人对美的追求是无止境的，美育在人对美的追求中发挥着重要作用。美育是一种高尚的精神追求，是人成就自我的必然途径，也是提升人生境界的重要途径。审美是在人与物的自由关系中形成的，学生作为受教育者，通过参与审美教育活动，激发自己的能动性和创造性。在美育过程中，教师要重视学生的审美需求，指导学生正确处理在生活和学习中遇到的审美问题，不断赋予生命新的意义。

六、普遍性

蔡元培说："提出美育，因为美感是普遍性的。"（《我在教育界的经验》）他主张社会、学校、家庭共同实施"全民美育观"[①]。美育能够提升学生的素养，健全学生的人格，这是其他学科很难比拟的。基于此，教师要有教无类，打破常规条件的限制，组织多样性的美育活动，不断做好美育的普及与推广；要面向大众，服务大众，为大众所接受。第一，教学内容的普遍性。随着社会经济的发展，素质教育日益得到重视，推动了传统教育模式的改革。为了适应时代发展的要求，美育教学的内容日益丰富，可以说涉及人类生活的方方面面。教师需要整合古今中外的美育内容，不断扩大教学范围，让学生充分认识美和感受美，养成良好的审美素养。教师需要不断拓展和丰富美育的内容，在其中融入艺术教育和文化教育等方面的内容，为学生提供良好的指导。第二，教育对象的普遍性。结合当前美育开展的基本情况，美育要从娃娃抓起，进而扩展到青少年，最终要惠及社会大众，这就体现了教育对象的普遍性。在美育开展的过程中，美育要进行无差别教育，针对不同群体，采取不同的教学方法，提升全社会的美育效果，进一步扩大美育的影响力，推动社会的进步与发展。第三，教育方法的普遍性。与一般学科的教育方法类似，美育也可以采用不同的教育方法，如观察法、模仿法、创作法、实践法等，让学生能够真正参与到美育中，提升学生的审美能力和文化素养，不断打造全新的美育形态，进一步提升美育的效果。

第三节　美育的功能

美育学科从诞生以来，在社会进步、经济发展、艺术创新、人才培养等方面，彰显了不可替代的功能。美育的功能是多方面的，下面就来展开分析：

一、美育的社会功能

从社会发展的角度来看，美育在推动社会进步与创新方面发挥着不可替代的作用，对人类生产产生了十分重要的影响。

① 韩超．张道一学术思想研究 [M]. 北京：文化艺术出版社，2020：196.

（一）有利于增强人的体力

美育的推广与普及可以推动社会经济的发展，不仅可以激发劳动者的积极性和内驱动力，还可以最大限度地减少人的体力在生产劳动过程中的无用消耗，避免人做无用功。人的体力发挥受到多方面因素的影响，其中非常重要的就是人的动作、技能、状态等是否满足生产的要求和美的标准。美育能够改善人的精神面貌，提升人的思想境界，激发人的内驱动力，不仅让人外在美、心灵美，还能使人的动作、形体和姿态等表现出美的风度和气质；并且在日常劳动中，合理控制工作的力度和节奏，可以让整个人保持协调感、韵律感，工作更加有序，避免杂乱无章。美育能够赋予人充沛的体力和精力，指导人们如何正确地使用体力，提升工作效率和劳动效率，创造更多的价值和效益。人的劳动能力具有很强的可调节性，在不同环境中会产生不同的效果和作用，这就需要我们充分发挥美育的作用，提升人的道德素质，培养人的良好的道德情操，净化人的心灵，改变劳动者工作的精神面貌，不断推动社会经济的发展。

（二）有利于推动科学技术的进步

美育对科技进步的作用具体体现在以下两个方面：第一，美育能够培养人的主动性和良好的品格，使人始终保持对科技创新的热情与激情，保持主观性和客观性的统一。为了实现科学进步，科技人员不仅需要具备超出常人的思维能力、创造能力及想象能力等，还需要保持正确的劳动态度，具备强烈的求知欲、源源不断的内驱力及克服一切困难的勇气，这都与人的品格有着很大的关系，这些都需要发挥美育的指导作用，完善人格，提升智力，启迪智慧，不断推动科技进步与创新，不断研发出新的科技成果。第二，美育活动可以培育科技人员的审美感受力，使其积极探索科技发展的规律，推动技术的更新。科学活动是人类探索自然和社会奥秘的手段，包含多种形式的美，如对称之美、和谐之美、奇异之美、壮丽之美等，具有很高的审美价值，充分展现了科技美，能够更好地为人们服务。在开展科学活动的过程中，我们不仅要探索科学真理，还要追求科学美感，真正地把美和真统一起来，为社会发展服务，为人们的生产生活服务，真正体现科学之美。由此可知，在科技发展的过程中，科技人员需要探索内在的美学价值。

（三）有利于提高劳动生产率

马克思认为，“人也按照美的规律来构造”①，揭示了美与劳动的关系。美是在人们的生产实践过程中产生的。在科学技术迅速发展的今天，美育可以提升国家的文明程度和人们的劳动生产效率。首先，美育能够提升劳动者欣赏美和创造美的能力，保证劳动者在劳动过程中保持愉悦的心情，不断提升劳动生产效率。美育可以帮助人们发现美和创造美，不断提升现有的劳动生产效率，产生更多的社会效益和经济效益。其次，美育能够帮助人们营造融洽的人际关系，建立起人与人之间的纽带，有利于提升人的交往能力，也有利于使人保持高尚的道德修养，建立相互尊重的环境。在工作中相互礼让，团结友爱，会让人的心情变得十分舒畅，能激发劳动者参与劳动的积极性，共同提升实际的劳动生产率。当前，审美社会化趋势日益明显，因此，在日常生产管理中，管理者不仅要构建有效、文明、先进的管理体系，还要尊重劳动者的价值，在管理中不断渗透情感性、愉悦性和文化性内容。通过美育的引导和帮助，可以形成良好的人际关系，进一步提升生产活动对劳动者的吸引力和凝聚力，激发他们内在的潜能，让劳动者保持高昂的劳动热情等。

（四）有利于提升民族素质

一个国家要想得到好的发展，就要不断提升大众的素质，形成适应社会经济发展所具备的群体品格。美育能够提升人们的精神境界，帮助人们追求更加高尚的审美趣味和远大理想。为了适应时代发展的要求，我们需要加强审美教育，不断健全人格，弘扬真善美，通过大量的美育活动，让人们认识美、感受美，愉悦人们的身心；要梳理美育发展的脉络，秉承马克思主义审美观念，使人们树立远大的、正确的、高尚的审美理想，去认识和改造客观世界。在经济全球化的背景下，社会大众的审美需求日益多元，需要创作更多的文艺作品，积极传承民族文化，始终坚守民族性立场，坚持正确的民族审美观，引导高尚的审美取向，形成彰显民族文化的艺术谱系和审美标准，鼓舞人们，以高尚的精神塑造人，形成正确的社会舆论导向。

---

① 马克思，恩格斯．马克思恩格斯选集（第 1 卷）[M]. 北京：人民出版社，1995：4647.

二、美育的辅助功能

美育在落实国家教育方针政策、实施新课程改革、提升个人综合素质等方面发挥了十分重要的作用。

（一）美育是全面落实教育方针的重要途径

美育作为我国教育体系中的重要内容，在人才培养的过程中，发挥了十分重要的辅助作用，有利于全面落实国家的教育方针政策，推动教育的创新发展。美育可以陶冶人的情操，净化人的心灵，并且与其他学科有着千丝万缕的联系，体现了很强的不可替代性。在积极落实国家美育教育方针政策的过程中，既要进一步发挥美育与其他学科相互渗透的作用，又要保持其独立性，提升育人效果。从宏观的角度来说，国家教育方针是教师教书育人的航标，决定着未来育人的方向，直接关系到培养什么人、怎样培养人、为谁培养人这一教育的根本问题。美育是实现中华民族伟大复兴的重要基础工程，有利于提升人才培养水平。在培养人才的过程中，审美与文化素养、文化自信直接相关，需要把美育工作做得细致入微，促进人的全面发展，从而构建完善的素质教育体系。开展全面美育工作能够不断传承优秀的传统文化，增强民族自信和文化自信，不断提升人才的审美意识和审美能力，实现美育的目标。

（二）美育有利于教学理念的发展

为了适应新时代发展的要求，培养更多优秀的人才，美育教师需要不断创新教育理念，不断推动美育工作的开展。教师应充分发挥美育应有的作用，促进不同学科之间的融合。从课程结构上来看，美育能够优化课程结构配置，协调好不同学科之间的关系，减少冲突，提升教学内容质量，保证教学的效果；从美育意识培养来看，教师要注重培养学生的观察力、理解力及鉴赏力，培养学生良好的美感，提升学生的审美意识，为学生以后的发展打下良好的基础；从教学理念来看，在开展美育的过程中，教师需要不断融入著名的美育理念和美育理论，以利于教学理念的创新，不断丰富教学形式，满足时代发展的要求。

三、美育的教育功能

通过前文叙述可知，美育能够陶冶人的情操，提高人的身体、心理素质。从美育的内在本质上看，美育能够调节人的身心素质，使其身心健康，实现更好的发展。美育具有多方面的教育功能，与德育、智育、体育、劳育和心理健康教育相结合，能够充分挖掘各学科所蕴含的丰富资源，不断培育时代新人。

（一）美育与德育的融合发展

在美育迅速发展的背景下，教师要善于发现不同学科内在的美，形成育人新格局，然后开展融合教学，提升教育的效果。对社会而言，为了实现稳定、有序的发展，不仅需要法律的约束，还需要道德的规范。而美育能够陶冶人的情操，帮助人树立高尚的道德情操、形成良好的道德行为，净化人的心灵。第一，从人文关怀的角度来看，美育和德育都非常重视三观教育，指导学生树立远大的人生理想，培养学生良好的品德。美育和德育相结合为学生提供了宽广的平台，不断扩大学生的眼界，培养学生对美的感知能力和鉴赏能力。美育和德育是相辅相成、相互促进的。第二，美育和德育非常重视爱国主义精神的培育。在美育活动开展过程中，教学内容蕴含着丰富的历史文化、社会风俗、人文地理等，通过让学生学习，有助于培养学生的文化自信，培养他们爱国、爱人民的情怀，激发他们的民族自豪感，使他们形成高尚的道德品质和公德意识。第三，美育与德育的融合，能够丰富学生的情感体验。在学生与外界接触的过程中，情感体验是非常重要的形式。美育能让学生对美好的事物产生好感，体会到学习的快乐，从而提升学生的情感修养，促进学生健康成长，还能对其他方面的教育工作产生积极的影响。美育能够引导人们追求高尚的趣味和崇高的理想，指导人们形成是非美丑观念，进而自觉地去恶存善，远丑近美，分辨是非，树立正确的道德取向，实现全面发展，做有益于社会的人。

（二）美育与智育的融合发展

人的智力包括感知力、记忆力、想象力、思考力等。美育能够启迪学生的智慧，开发学生的智力，在智育方面发挥着重要的作用。第一，为了提升人的智力，需要重点培养人的抽象思维和形象思维，形成良好的思维逻辑。在日常的美育活动中，抽象思维向来是被高度重视、反复训练的，而形象思维的培养却很容易被忽略。因此，教师要把形象思维和抽象思维结合起来进行训练，即把美育与智育结合起来，提升教育的效果。第二，生动形象的艺术作品和艺术形象能够帮助学生认识世界。教师在向学生进行系统的科学文化知识教学的过程中，可以深入挖掘各种知识内在的美，如文字之美、气度之美、思想之美、言辞之美及情感之美等，让学生真正感受学习之美，不断激发学生的学习热情，促使学生不断追求真知和真理，提升学生的审美意识，让学生掌握发现美和追求美的方法，充分发挥美育在智育中的重要作用。

（三）美育与体育的融合发展

俗语说，“身体是革命的本钱”，美育在体育教育中也可以发挥作用，让学生在享受“美”的过程中参与体育，提升身体素质，实现美育和体育融合发展。第一，美育既是审美教育，也是道德教育和心灵教育，有利于落实立德树人的任务。教师要坚持以美育人和以文化人的理念，切实提升学生的人文素养。体育教育能够提升学生的身体素质，指导学生树立终身锻炼的思想。美育与体育的融合发展有利于健全学生的人格，在“五育并举”的前提下，实现体育与美育的协调发展。第二，体育能够帮助学生塑造良好的身形，增强学生的身体素质，重点在于外在美方面；而美育可以培养、提升学生的内在美，让学生更有气质和修养。美育与体育的融合，能够充分发挥融合教育的作用，既可以保证学生身体的健康，又可以让学生的生活变得丰富多彩。第三，在体育课程中，有球类、田径、体操、游泳等多种项目，每一种项目都彰显了不同形式的美。体育项目的普及能够让学生充分欣赏体育之美，加深学生对各种体育美的理解，提升学生的审美能力，让其体育动作更加符合美学标准。第四，美育与体育融合有利于培养学生的创造力。教师要坚持“体美共育”的原则，不断挖掘二者的优势进行融合教学和渗透教学，培养学生对体育的兴趣，让学生积极参加体育活动，陶冶学生的情操，推动学生的身心健康发展。

（四）美育与劳育的融合发展

美育与劳育的融合可以让学生充分体会劳动之美，拥有过硬的审美素质和劳动素质。在日常的劳动教育中，通过融入自然之美、社会之美及生活之美，可以在潜移默化中感染学生，指导他们分辨美丑、善恶，切实培养他们的美感，不断净化他们的心灵，从而使他们形成正确的审美观念。人类在长期的劳动过程中，通过自己的双手认识世界和改造世界，这个过程就是创造美的过程。第一，劳动教育进一步丰富了美育内容，为美育提供了更加多样的选择。大量的劳动实践，一方面可以让学生充分感受生活的美，感受劳动的意义和作用，使学生热爱生活、热爱劳动，保持积极向上的心态；另一方面可以丰富美育实践的内容。第二，通过美育引导，可以让学生探索和发现美育的本质。劳动能够创造财富，促进社会的发展与进步。劳育能够帮助学生形成健康的劳动观念，养成良好的劳动习惯，培养积极的劳动态度，在日常生活中能够更加尊重劳动成果。通过实际参加劳动，学生能够获得正确的劳动价值观和审美愉悦感。教师要通过多种形式的劳动，培养学生欣赏美和创造美的能力。

（五）美育与心理健康教育的融合发展

从心理学的角度来看，有的学生在日常的学习和生活中，难免出现自卑、叛逆、敏感等问题，导致情绪不佳，一旦没有得到正确、有效的引导，很容易出现更严重的问题。第一，美育对学生的身心健康具有良好的指导和辅助作用。教师要根据美育的特点，组织学生参加审美教育活动，在提升学生实际动手能力的同时，化解学生紧张、难过、抑郁的情绪，使其保持积极向上的心态，形成过硬的心理素质，以积极乐观的心态面对生活的挑战。第二，审美教育可以让学生树立积极、健康、阳光的形象。按照弗洛伊德的观点，人的潜意识会在无意的情况下通过艺术的形式表现出来。进行艺术创作不仅可以扩大学生已有的认知空间，还可以配合心理治疗，使学生直接表达内在的情感，完成情绪的宣泄，释放心理上的压力，有效减轻焦虑感，增强学生抗挫折和抗压的能力。第三，人的心理健康与美育有着密切的关系。医学研究证明，人的情绪一旦出现剧烈波动，就会直接影响大脑正常的功能，人会容易出现冲动、暴怒、自闭等情绪，容易导致身体机能失调，甚至丧失某些正常功能，从而诱发各种形式的疾病，影响人的健康。而在美育教学过程中融入心理健康指导理念，采用线上和线下融合、显性教育与隐性教育融合的方式，能够充分发挥学生参与的积极性，构建跨学科的课程体系，满足学生身心发展的要求，提升融合教育的效果。

通过以上论述可以得知，美育与德育、智育、体育、劳育、心理健康教育等有着密切关系，育人效果明显，因此，高校在人才培养过程中，应不断融入美育理念，充分发挥美育的功能，提升美育的育人效果。

第四节　美育的原则

美育涉及自然美、社会美及人性美。在美育开展的过程中，教师要结合社会时代背景，立足于学生未来的发展，坚持美育特有的原则，为学生提供全方位、高水平的指导，提升美育的效果。下文主要针对美育的基本原则进行分析：

一、人本性原则

在美育的过程中，首要就是坚持人本性的原则。教师要坚持以学生为本的理念，从学生的实际情况出发，充分尊重不同学生的差异和特点，采用多种教学方法，培养学生的创造性思维，为学生成人、成才、成功打下良好基础。第一，教师要充分发挥学生的主体作用，制定适合学生未来发展的教育目标，要重视对学生自信心的培养，使学生保持对生活的热爱，激发学生的潜能，保证学生既不会自卑，也不会自满。教师要充分尊重学生的主观愿望，指导其做好学习规划，一步一步实现既定的目标，既要完成美育的任务，又要促进学生的成长。第二，教师要选择恰当的教学方法。针对美育存在的问题，教师要充分做好调研工作，从学生的角度开展美育工作，培养他们的兴趣爱好，具体学情具体分析，从而找到适合学生发展的教学方法，让更多的学生能够真正参与到美育中来。第三，美育有利于促进学生的全面发展。学生作为个体，是社会中的人，教师要明确美育的立足点和出发点，关注学生的未来，关注学生的全面发展。在进行美育的过程中，教师需要改变以往的教育理念，按照时代发展的要求，把智育、德育、体育、劳育、心理健康教育与美育充分结合起来，改变单一的教育理念，指导学生养成良好的思想道德品质和心理素质，培养学生自立、自主的习惯，实现全面协调发展。综合以上论述，教师要严格按照人才培养的标准，从学生的实际出发，制定完善的美育方案，充分发挥学生的主体作用，实现学生的全面发展。

二、情感性原则

情感性原则就是教师通过美育活动，把学生带入优美的意境，激发学生情感上的共鸣，以美育人。这就要求教师组织多种形式的美育活动，让学生更深入地参与进来，真正培养学生的审美能力。在日常的美育过程中，教师要融入情感教育。第一，教师要重视美育中的情感融入，结合具体的学情，关注学生的心理特点和情绪，营造亲密互动的美育教学场景，真正地将情感教育融入日常美育教学中，增强学生的情感体验。第二，除了学校教育，美育情感性教育也离不开家庭教育和社会教育，家长要加强与学生的沟通，建立良好的家庭关系，健全学生的人格，促进学生全面发展，让学生获得安全感，提升学生调节情绪的能力。从社会的角度来看，学校要充分发挥桥梁作用，加强与社会机构的合作，组织学生参加各种社会文化实践活动和审美教育活动，增长学生的见识，培养学生的审美意识。第三，教师要充分运用生活化的场景和元素，指导学生把审美情感真正融入生活，让学生真正发现生活中的美，丰富学生的审美体验，提升学生的审美艺术水平，培养学生的艺术素养和情感素养，使其能够真正理解艺术作品的文化内涵。

三、多元化原则

没有美育就不能算是完整的教育。美育主要以生动、形象的审美实践活动为主，充分发挥学生参与的积极性，陶冶学生的情操，指导学生树立正确的价值观，提升学生的审美境界。基于此，教师要坚持多元化的原则，全面做好美育教育。第一，教学内容的多元化。美育教学内容涉及面很广，范围很大，能够为学生提供多元化的指导。音乐教育，如声乐、器乐等，可以培养学生对音乐的兴趣，提升学生对音乐的鉴赏能力；美术教育，如油画、素描等，可以提升学生的绘画能力、创造能力；手工艺教育，如剪纸、陶艺等，可以提升学生的实践动手能力，使学生了解我国优秀的传统民间技艺，增强学生保护传统文化艺术的意识；视觉文化教育，如平面设计等，可以培养学生良好的空间感，提升学生的设计素养，增强学生实际应用的能力。第二，教学方法的多元化。美育教育方法多种多样，教师要结合具体教学内容，选择相应的教学方法，如讲授法、讨论法、直观演示法及头脑风暴法等。除了日常的课堂教学模式，教师还可以采用实践教学方法，如利用比赛、参观、游玩及服务等实践活动，构建多元化的美育课程体系，不仅可以扩充美育资源，还可以拓宽学生的学习视野，让学生充分感受美育的魅力。第三，美育价值的多元化。美育具有很强的育人功能，能够指导社会成员重视教育的内在价值，营造良好的社会美育氛围，具有很强的示范带动作用。美育能够丰富学生的想象力，激发学生的创造力，这是美育的使命。美育能够全面提升学生的综合能力，使学生塑造健康的价值观，让学生学会什么是美、怎样判断美和发现美，培养学生良好的自主学习能力。第四，美育评价的多元化。为了进一步强化美育育人功能，构建全面的育人体系，激发学生的美育潜能，学校要构建多元化的美育评价方式。在进行美育课堂评价的过程中，对学生的整个学习过程进行分析和总结，通过长期观测评价模式，能够为学生提升审美意识提供良好的指导；在美育成果评价上，要重视学生的实践性体验，把美育知识和技能教学真正融入日常艺术实践活动中，让学生能够真正认识自我，增强体验感；在融合评价上，教师要为不同层次的学生打造不同的美育场景，满足学生多样的审美需求。

四、实践性原则

实践性原则就是要求教师在美育的过程中，制订实践教学计划，设置不同主题的教学方案，提升学生的实践操作能力和应用能力，以及学生的艺术素养和欣赏能力。第一，教师要不断优化现有的美育实践资源，为学生提供符合身心发展需求的实践机会，进一步丰富学生的知识，提升学生的技能，以实践创新，培养学生的创造性思维，提升学生的综合素质。第二，教师要打造美育精品实践浸润课程，突出地方特色，突出学校特色，采用学分制管理模式，针对不同年级的学生设置不同的人才培养计划，真正发挥美育的引导作用，让学生能够真正参与美育教学实践，提升美育的效果。第三，通过采用“融入”理念，把美育相关的课程进行优化，设置美育融合实践课程，依托学校实践教学中心，充分发挥图书馆、校史馆、教育基地的作用，构建多位一体的融合式美育实践体系，打造特色的美育实践教学项目，为学生提供良好的美育实践机会。第四，教师可以发挥校外资源的优势，不断弥补现有美育存在的不足，如邀请艺术大师在学校进行专题讲座，组织艺术沙龙、艺术晚会等，创建传统文化传承基地，建立音乐舞蹈艺术工作坊，打造美育进校园项目等，构建沉浸式的美育实践平台，为学生提供更多的选择，真正发挥美育的育人作用。

第五节　我国的美育政策

我国进行的是社会主义美育，主要是为了培养学生的行为美和心灵美，促进学生德、智、体、美、劳全面发展，不断提升学生的思想意识，使学生形成健康的道德情操，进一步丰富学生的美学知识，启迪学生的智慧，发展学生的智力，健全学生的人格，保证学生的身心健康。

中华人民共和国成立以来，我国非常重视美育工作的开展，制定了一系列美育政策，明确了美育工作的未来发展方向。1952 年，教育部颁布了相关规定（《小学暂行规程（草案）》《中学暂行规程（草案）》），指出在中小学教育中，要实施智育、德育、体育、美育等全面发展的教育，培养学生欣赏、创造艺术的能力。改革开放以来，智育、德育、体育工作得到进一步重视，美育在教育中的地位和作用日益明显。1981 年，我国全国总工会共青团中央等九单位联合发布《关于开展文明礼貌活动的倡议》，在全国范围内开展“五讲四美”活动。1986 年，《中华人民共和国义务教育法》颁布并实施，进一步促进学生“德、智、体、美、劳”全面发展。1993 年，中共中央、国务院印发《中国教育改革和发展纲要》，提倡积极开展多种形式的美育活动，重点培养学生的审美能力，陶冶学生的道德情操。1999 年，根据中共中央、国务院《关于深化教育改革全面推进素质教育的决定》的要求，要根据美育工作的不足，把美育融入学校教育的全过程，组织学生开展多样化的文娱活动，丰富学生的课余生活。2010 年，国务院制定《国家中长期教育改革和发展规划纲要（2010—2020 年）》，制定了全面加强和改进德育、智育、体育、美育的战略。2019 年，教育部发布的《关于切实加强新时代高等学校美育工作的意见》提出，新时代，高校在开展日常人才培养和科学研究的同时，要加强美育教育教学。2020 年，中共中央办公厅、国务院办公厅印发了《关于全面加强和改进新时代学校体育工作的意见》和《关于全面加强和改进新时代学校美育工作的意见》，针对高校美育进行了全面的部署，要求整合学校美育资源，全面深化美育综合改革，满足时代发展的要求。2022 年，教育部办公厅印发的《高等学校公共艺术课程指导纲要》指出，要逐步健全学校美育评价机制，为做好美育工作提供重要的指导，大力加强和改进高校美育教学，培养高质量的人才，促进社会经济的发展。2023 年 12 月，教育部印发了《关于全面实施学校美育浸润行动的通知》，为进一步加强学校美育工作，强化学校美育的育人功能，教育部决定全面实施学校美育浸润行动。

第二章　大学生美育内容

美育不仅能陶冶高尚的情操，还能塑造美好的心灵。大学生美育涉及音乐、美术、戏剧、舞蹈、影视等内容。高校需要结合时代发展的要求，从学生未来发展的角度出发，构建完善的大学生美育课程体系，选择精品教学内容，为大学生美育进行针对性的指导。

本章共包含五部分内容，分别为艺术美、自然美、社会美、科学美和心灵美。

第一节　艺术美

艺术美是艺术家审美目标的达成，具体是指艺术作品的美，体现了内容和形式的统一，是艺术家长期研发的结果，融入了艺术家大量的心血和精力。艺术与人们的生活关系密切，随着社会的发展不断创新、进步。在追求艺术美的过程中，艺术家创作了很多令人惊叹的艺术作品，为美育工作的开展创造了良好的条件。美育教师要根据既定的美育目标，广泛搜集古今中外的美育资源，不断提炼优质的教学内容，为大学生美育工作提供借鉴和帮助。

一、艺术美的内涵

艺术美是指艺术作品的美，是对艺术审美属性的概括和反映，能够有效提升学生的审美意识和审美能力。在人类社会中，存在多种多样的艺术作品，极大地满足了人们的审美需求。人们通过欣赏，可以获得不同的审美体验。在生活中，随处可以看见不同形式的艺术美：造型艺术中的工艺美、设计美、雕塑美；表演艺术中的音乐美、舞蹈美、声音美、动作美；影视艺术中的戏剧美、电视美、电影美；文学艺术中的语言美、情节美；美术中的色调美、布局美。艺术来源于生活却高于生活，是很多艺术家创作出来的，体现出不同的艺术价值。艺术美属于一种社会意识，是反映社会生产和人们生活客观存在的产物，但不是对生活的照抄照搬，而是对生活的审美评价与概括，具有一种化腐朽为神奇的力量，体现了艺术的内在美。通过大量的艺术创造实践，艺术家对现实美进行提炼，创作出优秀的艺术作品。从美学发展历史的角度来看，不同的学者对艺术美的定义是不同的。黑格尔认为："艺术美高于自然。"[①]与黑格尔的观念不同的是，车尔尼雪夫斯基认为："美是生活。"[②]美学研究的对象就是艺术美，艺术美主要体现为形象美，是来源于现实生活的，具有生动性和丰富性的特征，属于一种更加典型和集中的美。在日常生活中，人们通过欣赏艺术形象，感受艺术之美。

① 杨波．现代美学视域下的形而上学价值研究 [M]. 沈阳：辽宁人民出版社，2021：115.

② 施昌东．在美学研究的道路上 [M]. 上海：复旦大学出版社，1984：14.

二、艺术美的特征

艺术美具有独有的美学特征。古今中外，每一件艺术品都散发出不一样的光彩。历史上很多取得重大成就的人都或多或少接受过艺术美的熏陶。下面主要通过分析艺术美的特征，寻找艺术美的本质：

（一）形象性

形象性是艺术美重要的，且给人最直接的美学感受的特征。艺术形象是艺术家在长期探索美的规律的基础上，结合自己实际生活的体验，融入丰富的个人情感，创作出的带有强烈情感色彩的艺术形式，正如克罗齐所说的“直觉即表现”（《美学原理》）。艺术美的形象性特点主要体现在以下几个方面：第一，内容与形式的融合。艺术美的形象集合了表层语言，从而表达了艺术家所要表达的情感和思想，在内容上和形式上是统一的，在形式上形神兼备，内容突出重点，富有情调，以提升艺术的品质，展现艺术美。第二，个性与共性的融合。纵观古今中外的艺术作品，可以说是浩如烟海。其中，成功的艺术形象既体现了独有的个性，又体现了广泛的概括性，实现了个性与共性的统一，彰显了长久的艺术生命力。第三，客观与主观的融合。艺术作品是对生活的反映，包含很多艺术符号，蕴含着不同的主体情感，体现了艺术形象的客观与主观的统一。自然是客观存在的，而内心的想法、创作是主观的。艺术作品虽然融入了艺术家的思想与情感，但最终还是对客观世界的反映，体现了主观性和客观性的融合。第四，真实与虚设的融合。在创作艺术作品的过程中，艺术家需要进行假定和构思，甚至超越了生活和现实；但是，艺术作品来源于生活，很容易让人联想到现实，如自然景物、动物等，给人不同的艺术感受。因此，艺术家在塑造艺术形象的过程中，会虚实结合，假定艺术情节，又不脱离于社会现实，让人充分感受情感和思想上的真实性。在文艺复兴时期，意大利美术家达·芬奇的绘画作品《蒙娜丽莎》就运用虚实结合的方法，塑造了女性典雅和恬静的典型形象，反映了人们对女性美的审美理念和审美追求。

（二）典型性

艺术美具有典型性的特征，具体来说就是树立典型的形象。通过分析现有的文艺作品可以发现，虽然这些作品源于现实，但并不是对现实的简单照抄照搬或者模仿，如文学作品、音乐作品、绘画作品、舞蹈作品和雕塑作品等，大多是对某一类事物特性的综合反映，能够从根本上反映事物的内涵。为了达到预定的艺术追求目标，艺术家通常采用多种手段进行创作。典型形象是艺术家塑造的，体现了鲜明的个性、深刻的思想性，能够反映社会发展规律。典型性是艺术美的根本特征，是艺术家进行艺术创作的重要内容和中心议题。艺术美的典型性主要体现在以下几个方面：第一，艺术美体现出纯粹性和集中性。艺术作品若能给人留下深刻的印象，即是彰显了其特有的艺术魅力，典型性的特征也就越明显。第二，艺术美体现出高度概括性。艺术再创作出来的作品是对现实生活的高度概括，而不是完全复制，作品彰显出的独特个性往往会给人带来深远的影响。第三，艺术美的自由性。追求典型艺术的过程需要追求自由性，但是，需要控制好比例，艺术创作不能完全受制于艺术品，要充分展现艺术品典型的艺术魅力，体现出特有的艺术价值。第四，艺术美的逼真性。典型的艺术作品具有很强的逼真性，这种特点与真实性是不同的，其能够体现出艺术创造的独创性、思想性及审美性，增强作品的艺术感染力。

（三）主观性

艺术美的主观性主要体现在艺术家的情感与追求方面。美是一个主观观念，即一千个人眼中就有一千个哈姆雷特，每个人对美的认识都有所不同。比如，一幅画作可能在某个人的眼中充满力量和生命，与之相反，在另一个人眼中可能显得沉闷和无聊，这与人的主观性有很大的关系，使艺术之美成为一个复杂的概念，不仅与艺术作品自身的特性有关，而且与观赏者的生活经验、文化背景和认知能力等有着很大的关系。由此可知，同一个审美对象在不同的审美主体那里因不同的情感体验会产生不同的审美结果。以中国古诗词为例，审美主体对理想境界的不同追求，使得他们的艺术作品也不尽相同，如屈原的雄浑哀怨、陶渊明的平淡自然、李白的雄奇奔放、杜甫的忧国忧民、苏轼的豪放旷达等，彰显了不同的艺术风格；同时，他们的作品都有很高的艺术造诣。

对于艺术作品而言，艺术家在创作过程中，创作手法的不同，艺术家的素养、阅历、学识、能力、灵感等的不同都会影响艺术作品的展示效果。对于大众而言，为了欣赏更高水平的艺术作品，需要培养良好的艺术欣赏能力或者鉴赏能力，才能真正深刻地领会艺术作品的内涵和思想。从艺术作品的角度来看，内容越丰富，内涵越深刻，对人的欣赏能力的要求就越高。基于此，艺术美通过不同的形式打动和感染着人们。艺术家在进行艺术作品创作的过程中会融入自己的思想情感、生活体验、观念认识等，人们需要结合艺术家的创作特点和背景对艺术作品进行全方位的解读，才能真正了解艺术美的主观性特征。

（四）永久性

自然界中各种事物的形态特征被人感知后，很容易让人产生美感，因此，人们进行审美活动时，这些事物的形态特征就成了人的审美对象，形成了不同的审美形式。比如，人们常见的各种曲线、图形、颜色、面孔、声音等，这些美是流动的，一直处在变化之中。而艺术作品就是留住这一瞬间的美，让美变得永恒。艺术家经过大量的实践，探索出艺术创作的规律，通过艺术的形式，把美真正表现出来。他们运用高超的创作技巧，把现实中流动、变化的美，通过艺术的方式进行转化，在融入自身情感和观念的基础上，构建具有艺术美的艺术作品。这种方式超越了自然和社会，让艺术美的形态得到了稳固和保留，是人类社会宝贵的文化艺术遗产。比如，我国北宋时期著名画家张择端的《清明上河图》的内容丰富，气势宏大，构图严谨，将美进行了定格，真实再现了宋朝时期人们生产生活的场景，彰显了高超的艺术表现力，具有持久的生命力，是非常重要的美育资源。

黑格尔说过："真正不朽的艺术作品当然是一切时代和一切民族所共赏的。"(《美学》) 在人类文明的发展进程中，不同的国家或民族创造了大量的艺术品，反映了不同的审美情趣，如埃及的金字塔、中国的青铜器、欧洲中世纪的教堂建筑、非洲的原始面具……这些艺术品创作的动机是多样的，或许具有很强的功利性和目的性，但是，随着时间的推移，这些艺术作品的审美价值和观赏价值越来越高，成为艺术珍品。马克思认为，古希腊艺术虽然诞生于几千年前，但直到今天依然散发着特有的艺术魅力，还能给现代人带来艺术享受，表现了艺术永久性的特点。当艺术家运用艺术手段把物质材料转化成艺术作品的时候，就产生了艺术美，人们就可以将其不断传承和发展下去，也可以说，艺术美是永恒的。

（五）协调性

马克思说过："如果形式不是内容的形式，那么它就没有任何价值了。"（《马克思恩格斯全集》）艺术美需要保持内容和形式的协调性，不能只追求形式美，而忽略了内在美。在大学生美育开展的过程中，教师要结合美育目标，为学生创造传递情感和思想的媒介，让学生能够真正感受到艺术的协调美。第一，要协调好光线与色彩的关系。艺术设计者需要运用一定的艺术技巧将光线与色彩进行组合，从而营造出不同的氛围，表现不同的艺术情感。比如，在绘画艺术中，艺术家需要结合绘画主题选择合理的色彩，从而提升艺术效果，给人良好的视觉体验。在光线的运用上，需要保证绘画艺术品的立体感和层次感，营造不同的艺术氛围，让整个作品看起来更加协调统一。第二，要协调好线条与形状之间的关系，因为二者都能有效表现物体的整体轮廓和结构。其中，线条的长短粗细、曲直大小都会对作品的表现效果产生影响，而形状是多种多样的，能够表现艺术作品的特质。设计者通过对线条和形状进行艺术化的处理，可以增强作品的艺术美感。第三，要协调好纹理与质感之间的关系。在进行纹理设计的过程中，设计者需要选择合适的线条和色彩，让作品更加富有质感。质感就是利用色彩和光线，让艺术作品更加立体化和层次化，提升艺术处理的效果。第四，要协调好音乐节奏与旋律之间的关系。音乐作品需要通过节奏表达思想情感和艺术价值，要通过节奏的强度和速度变化营造氛围；而旋律就是合理排列不同的音符，让音乐更加优美动听，给观众良好的听觉感受，提升音乐的吸引力。第五，要协调好舞蹈动作与姿态之间的关系。舞蹈艺术的协调性要求身体肌群作用的时机正确、动作方向及速度恰当，保持形态的平衡性和稳定性，有韵律感，彰显舞蹈的艺术美。舞蹈表演者在表演过程中，需要协调好动作、肢体、姿态、节奏、表情等，让舞蹈更有力量，富有生机和活力，彰显出舞蹈特有的艺术魅力。

三、艺术美的层次

为了提升学生美学欣赏的能力，需要让学生掌握艺术美的欣赏层次，提升学生审美的思想境界和艺术品位，提升美育的效果。不同的欣赏层次会给人带来不同的感受，即"看山是山，看水是水；看山不是山，看水不是水；看山依然是山，看水依然是水"。下面主要针对艺术审美的四个层次进行分析：

（一）感性层次

感性层次是人们对艺术美最初的、最基本的认识层次。在感性层次上，人们更多的是观察艺术品的色彩、线条、动作，感受节奏、韵律、章法等，从而产生不同的情感体验——高兴或者悲伤、震撼或者平静、赞叹或者难受，甚至对于同一部作品，不同的人观看也会产生不同的体验。艺术形象多种多样，人们看到漂亮的画作、雕刻、雕塑、建筑等，会产生心旷神怡的感觉；看到优美的舞蹈，会心情愉悦；听到动听的音乐，会感到舒适，回味无穷。这些艺术形象可以让人沉浸在优美的意境中，获得美的享受。

（二）形式层次

在艺术审美的形式层次上，人们会结合自己的经验，对艺术作品的形式结构和艺术手法进行分析，关注结构、布局、层次、搭配等具体的形式元素，会根据艺术作品的特点，发表自己的看法和观点，去探讨艺术家运用的技巧和手法。形式层次是文艺作品的形象体系暗示，具有很强的指向性。艺术作品的审美元素都蕴含在具体的形式上，这涉及情操美、形象美、理性美、道德美。形式层次在整个艺术审美结构层次中表现得非常明显。艺术审美的形式层次主要体现为形式美，属于美的“低级”层次，人们关注艺术作品外观与形态的统一，获得新的审美感受，感受艺术的形式美，这种层次的美是外在的，能够被直观感受到。

（三）意义层次

意义层次反映的是人们对艺术作品主题内容、思想情感的感受，比形式层次更深了一层，体现了艺术作品的思想美。感受内在的精神境界和思想深度能够给人带来心灵上的震撼，大大提升了审美的层次，而探索艺术意蕴和中心思想对人们具有重要的启示意义。比如，我国唐代伟大的现实主义诗人杜甫的“三吏”“三别”，深刻地描绘了作者身处乱世中的飘零与孤独，全面揭示了战争给底层老百姓带来的苦难，表现了作者忧国忧民的思想，反映了当时的社会现状，因此杜甫的诗也被称为“诗史”。在意义层次，人们更加关注艺术作品蕴含的意义和思想，追求独特的、美好的、精致的艺术美。

（四）价值层次

在价值层次，即艺术审美的最高层次，人们更加重视艺术作品的价值，就是在感性层次、形式层次、意义层次的基础上，探索艺术审美的本质，探索艺术品深层次的价值，回归到生命的境界。法国著名雕塑家奥古斯特·罗丹曾经说："艺术就是感情。"① 通过欣赏艺术作品，人们能够充分感受到愉悦和欢乐。在日常的美育教育实践中，教师要引导学生多看、多听、多研究，反复品味，体会艺术作品的精妙之处，感悟艺术创作的真谛。在苏格拉底看来，艺术作品的价值源于人的心灵。生命是存在于艺术之美中的。艺术作品只有表现出生命的内涵，才能彰显出其应有的价值、彰显其生命力，才能让更多的人欣赏。艺术品能够经久不衰就是因为其内在的价值。

第二节　自然美

自然美随处可见，小桥流水、曲涧荷塘、烟雨迷蒙、鸟语花香、渔舟唱晚、夕阳晚霞等，都可以给人美的享受，洗涤心灵，愉悦心情。从审美艺术的角度来看，创作艺术作品要坚持自然美的理念，打造艺术珍品，满足人们对艺术品自然美的审美需求。

一、自然美的本质

德国著名思想家歌德认为，大自然是举世无双的艺术家，它使用最简单的材料创造出一个大千世界，没有雕饰，一草一木、一山一石都彰显着特有的性格和魅力。关于自然美的本质和根源，不同的学派有着不同观点。第一，客观派认为，自然美就是自然事物自身的形式和属性，如漂亮的线条和色彩，以及合乎人们审美要求的形体、比例等，代表的学派是毕达哥拉斯学派。第二，主观派认为，自然美的实质就是人的心灵和主观意识。该学派的代表黑格尔认为，美是人理性的感性显现。第三，以车尔尼雪夫斯基为代表的主客观统一派认为，自然美是人的主观意识与客观事物融合的产物，强调自然美是主观与客观的统一，并且人的幸

① 蔡毅．创造之秘：文学创作发生论 [M]．昆明：云南人民出版社，2011：31.

福感和欢乐感与自然界的事物是息息相关的。第四，客观派，尤其是20世纪的英美学界认为，自然界中的全部事物都有一定的价值，但是，对全面的和肯定的审美价值而言，是不能进行比较和分级的。第五，实践派的代表人物主要是马克思，他提出了实践观点和自然的人化思想，认为自然美的本质主要来源于人类大量的实践。人们通过改造和利用自然，实现自然的人化。在人类产生之前，自然界没有美丑之分，而在人类产生之后，由于人有审美意识，从而影响了人在改造世界过程中的审美行为。人的实践活动过程就是自然被人化的过程，也是美产生的过程。

与人工不同，自然是自然形成的，具有客观性，不以人的意志为转移，表现为独立的属性和特征。美是主观和客观相互作用产生的，并且一直伴随着人类社会的发展而出现不同的形式。那么，该如何正确看待和理解自然美呢？自然的本质又是什么呢？以自然界中的“火”为例，人们的生活离不开火。早在原始社会，人类的祖先就学会了使用火来烤熟食物，用火取暖。但是，火势一旦扩大，就会出现火灾，导致人员伤亡和财产损失。人们通过对“火”的改造，研发出不同形式的“火”，极大地促进了人类社会经济的发展。各种颜色的烟火可以营造绚丽的场景，给人以美的享受，这也是自然的人化结果，是主观与客观的统一。从本质上讲，自然美的根源与其他美一样，是人类在社会实践的过程中产生的，是自然物与人以及生活之间的客观联系。

二、自然美的形态

在现实生活中，人们能够看到自然美的多种形态。第一，是经过人类改造的自然事物，如梯田、麦田等，在满足人们生产生活需求的同时，也能产生自然美。第二，是经过人类艺术加工的自然事物，与大自然的景物融为一体，如名山石刻、建筑园林等，都给人自然美的感觉。第三，是没有经过人类改造的自然事物，彰显原生态，没有人为干预或者人工痕迹，如原始森林、丹霞地貌、奇林怪石、山川河流等，黄果树瀑布、壶口瀑布等都是自然形成的，人们可以充分感受到大自然的鬼斧神工。通过以上论述可以得知，自然美的形态十分丰富，对人类的生产、生活有十分明显的影响。

三、自然美的特征

自然美的特征具体体现在自然性、社会性、多面性、象征性等方面。下面就分别进行分析：

（一）自然性的特征

自然性就是指原生态的自然美，这种美具有依恋性，来源于自然，贵在自然，是自然形成的。在现实生活中，我们可以见到很多美丽的自然景物，它们给人以美的感受。比如，旅游景点大都以自然的景观为主，像山岳形胜、喀斯特地貌景观、风沙地貌景观、海岸地貌景观、特异地貌景观等都是自然美的代表，彰显出形态美、色彩美、听觉美、动态美、静态美、象征美，吸引了大量的游客，促进了旅游产业的发展。自然属性为自然美创造了天然的客观条件，是客观世界发展的产物。以唐代诗人张继的诗作《枫桥夜泊》为例："月落乌啼霜满天，江枫渔火对愁眠。姑苏城外寒山寺，夜半钟声到客船。"这里有落月、枫树、渔火、寺庙、船舶等视觉形象，又有乌啼、钟声等听觉形象。可见作者是自然而然、整体地感知枫桥夜景，各种感觉有机地融合在一起，描绘了一幅完整的、立体的画面，即江南水乡秋夜幽美的景色。审美知觉作为对事物感性面貌的整体把握，突出地表现着"统觉"的作用。统觉指的是知觉内容的总和，包含人们已有的经验、知识、兴趣、态度，因而不再局限于对事物个别属性的感觉。比如，唐代诗人张若虚创作的《春江花月夜》被闻一多先生誉为"诗中的诗，顶峰上的顶峰"（《宫体诗的自赎》）。直观地看，题目中的春、江、花、月、夜五个字在诗中都有涉及，如江水、明月、花林等，整首诗以江为场景，以月为主体，描绘了一幅幽美邈远、惝恍迷离的春江月夜图，抒写了游子和思妇真挚动人的离情别绪以及富有哲理意味的人生感慨，突破了梁陈宫体诗的狭小天地，表现出一种迥绝的宇宙意识，创造了一个深沉、寥廓、宁静的艺术境界，充分地把诗情、画意、哲理融为一体，意境空明，想象奇特，语言自然隽永，韵律宛转悠扬。

（二）社会性的特征

自然界的事物与人类社会产生联系，就会具备社会属性，成为人们的审美对象，产生各种形式的自然美。孔子说过："知者乐水，仁者乐山。知者动，仁者静。

知者乐，仁者寿。”（《论语·雍也篇》）在孔子看来，智者能够通过观察水的流动，看到与人的品德相关的特征，就是“动”；而仁者通过观察高山的形象，就能体会到自己品德的特征，就是“静”。不同的人在看到同一种自然景物时，受到主观意识的影响，在心理上就会产生不一样的感受。虽然山和水都是自然景观，是自然形成的，但经过人的思考，就把自然景观与人的思想意识结合起来了。山水作为观照的对象，其自然形态与人的思想品德有着相似的地方，所以就有了“知者乐水，仁者乐山”的表述。比如，周敦颐的《爱莲说》这样描写莲花：“出淤泥而不染，濯清涟而不妖”，形象描述了荷花的美，这种美就是高雅脱俗、品格高尚的。从本质上讲，作品中融入了作者的情感，表现了荷花美丽形式的社会美，以物喻人，追求高尚的品质。

（三）多面性的特征

多面性，即从不同角度对优美的景物进行欣赏。比如月亮，有的人喜欢它的光，有的人喜欢它的形状，还有的人喜欢它的变化，仁者见仁，智者见智。对于自然事物而言，内在的多面属性和特征与社会生活有很多相关联的地方。以柳树为例，其作为一种树木，是人们生活中常见的生物，但是，不同的诗人赋予了柳树不同的概念，有的人认为柳树非常美丽，还有的人认为柳树象征着送别。唐代诗人贺知章的《咏柳》将柳树比喻成一位经过梳妆打扮的、亭亭玉立的美人，她楚楚动人，充满青春活力。在我国古代，折柳也有送别的意思，“柳”与“留”是谐音，表示挽留，也希望远去的亲人朋友能够在新的地方生根发芽，寄托了人们美好的祝愿。比如，唐代著名诗人王维的《送元二使安西》中“客舍青青柳色新”一句就表现了依依惜别之情。因此，我们要从不同的角度欣赏自然美，从而感受自然中不同的意义和内涵，体会其中蕴含着的思想情感。

（四）象征性的特征

自然物与人类社会是异质同构的，存在某些相似的特征。当人们看到自然景物时，通过联想或者想象就赋予了自然物强烈的象征意义。比如“花中四君子”——梅兰竹菊，对应的品质分别是傲、幽、坚、淡，成了感物喻志的象征，也是咏物诗和文人画中最常见的题材。梅花作为我国传统的名花，一身傲骨，不畏严寒，不怕吃苦，是高洁志士的象征。古代文人盛赞梅花，认为梅花冰肌玉骨，凌寒留香。兰以清婉素淡的香气长葆本性之美，香雅怡情，是世上贤达的象征。兰花能够展现人们不愿与人同流合污的高尚人格，彰显人们的精神品性。竹子挺拔秀丽，一年四季常青，象征着气节。梅、松、竹有“岁寒三友”等美称。竹子清雅淡泊，是谦谦君子的象征。我国古人通过“玉可碎而不可改其白，竹可焚而不可毁其节”(《三国演义》)来比喻有气节的人。菊花特立独行，是世外隐士的象征，也象征着中国文人的性格和气节，影响广泛且深刻。陶渊明的“采菊东篱下，悠然见南山”表现了诗人超凡脱俗的风范，菊花被赋予了隐士的意义。唐代边塞诗人岑参的“遥怜故园菊，应傍战场开”(《行军九日思长安故国》)用菊花象征斗士、战士、勇士。菊花还象征着品格高洁，这是因为菊花凋零以后，不像其他花一样花瓣直接掉落，而是一直保持在花朵上。

四、自然美的价值

自然美能够给人带来不同的感受，彰显了不同的艺术价值和美学价值。第一，自然美能够陶冶人的情操，荡涤人的心灵，让人返璞归真，不仅可以让人享受自然界美丽的景色，还能激励人积极进取，使人获得好的心态，保持积极、乐观的态度。第二，自然美能够开阔人的视野。自然环境宽广博大，为人们提供了良好的活动场景，人们可以登高望远，可以顺流而下，可以静下心来去思考生命的价值和生活的意义，不断提升自己的思想境界，领悟人生的真谛。第三，自然美可以让人发现不同形式的美，如动态美、静态美，人们发挥主观能动性，选择不同的自然景物进行欣赏，发现美的乐趣，愉悦身心，释放内心的压力，在精神上获得享受。第四，自然景物通过原生态的方式，向人们展示各种美，能够让人有所感悟，启迪人们的智慧，让生活更加富有韵味，而不是枯燥无聊，真正彰显自然美内在的价值。

第三节　社会美

社会实践是丰富多样的，与人们的生活有着密切的关系。社会美不仅源于实践，而且社会美本身就是实践的最直接的存在形式。与其他形式的美相比，社会美有其自身的特点。社会美即人类社会生活的美，是美的具体表现形态之一。在现实生活中，社会事物和现象呈现的美涉及多种美，如人物美、生活美、风俗美、节庆美、休闲文化美等，极大地满足了人们精神层面的需求，这对大学生产生了十分广泛的影响。长期以来，社会美是一定时代、阶级的主体的社会先进力量、先进人物身上的美。因此，在进行大学生美育的过程中，教师要积极倡导社会美，投身于为人类进步而奋斗的事业中去，健全学生的人格，培养学生乐观进取、吃苦耐劳、助人为乐的生活态度与道德情操等，帮助学生不断为社会发展作出贡献，培养全面发展的人，严格按照美的规律塑造人格。

一、社会美的范围和特征

社会美是美的形态之一，是指现实生活中社会事物的美，与社会发展息息相关。社会美与自然美并列，同属现实美，集中在人们的生活领域中。

（一）社会美的范围

社会美的范围很大，可以说涉及人们生活的方方面面，如社会事物美、社会现象美、社会生活美及人的美等，与社会发展息息相关。

1. 物质生产劳动

马克思认为劳动创造了美，这是人类社会特有的，也是社会进步的重要推动力。美是人的本质力量在实践中的显现，美在人的实践活动中产生，所以创造美的活动是有规律可循的，人能够按照美的规律来构造，一切美好的事物都是相通的，是相互联系的，不是孤立存在的。生产劳动是人类社会进步的基础，也是人们获得愉悦或者愉快的重要来源。人的劳动就是按照美的规律进行的，属于人本质力量的活动。无论在劳动过程中，还是在劳动场景中，包括劳动创作的产品都体现了美的特征。马克思在《1844 年经济学哲学手稿》中说过：“动物只是按照它所属的那个种的尺度和需要来建造，而人却懂得按照任何一个种的尺度来进行生产，并且懂得怎样处处都把内在的尺度运用到对象上去，因此，人也按照美的规律来建造。”物种的尺度就是事物本身的特征和尺度，动物无法突破；而“内在的尺度”就是人的尺度。按照马克思的观点，人的尺度就是人的自由自觉的活动。其中，“自由”就是人具有主观能动性，能够主观认识和改造自然，具有自由度，能够让自然为人服务；而动物是自然的“奴隶”，不能摆脱自然的控制。“自觉”就是人们有意识、有目的地主动参加劳动。在劳动产品被创造出来之前，人的大脑中就存在劳动产品的形态。经过长期的探索，人发现了劳动的规律。由此可知，与动物不同，人通过劳动不仅推动了社会发展，而且创造了美，体现了社会美的创造性。

2. 政治实践活动

通过梳理人类社会发展的历史可以发现，在统治黑暗的时期，底层劳动大众为了生存纷纷揭竿而起，反抗统治阶级的残暴统治，这属于阶级反抗斗争，是人类社会中非常重要的政治实践活动，有力推动了社会的进步与发展。阶级斗争为人类社会发展美、创造美提供了强大的动力。人们的阶级斗争是反抗压迫的，是进步的，也是可以推动社会发展的，属于美的，由此可知，人民群众推动了社会历史的发展，并且影响着美的发展。因此，从美学意义上讲，阶级斗争是一种美丑斗争，不断推动着社会进步与发展，推动着社会从低级朝着高级的方向发展。通过不断的阶级斗争，美不断战胜丑，不仅符合社会发展规律，而且顺应历史发展方向，这具有客观性，不以人的意志为转移。这就要求教师在进行大学生美育的过程中，要坚持马克思主义美育思想，坚持历史唯物主义和辩证唯物主义，在课堂中融入历史重大事件，正确看待国内外发生过的以阶级斗争为代表的政治实践活动，根据具体的美育目标，帮助学生树立正确的历史观、政治观，进而形成正确的美学观。

3. 科教文卫活动

科教文卫是指科学、教育、文化、卫生，与社会生产和人们的日常生活息息相关，这是人们认识世界和改造世界的重要内容，也是建设物质文明、精神文明的重要基础。在科技迅速发展的今天，科教文卫活动依然发挥着十分重要的作用，为社会经济发展提供智力支持、精神动力及思想导向，为人才培养提供全方位的支撑。因此，大学生美育活动需要科教文卫活动指导学生学习相关知识，不断充实教学内容，提升教学的效果，不断丰富学生的体验，增长学生的见识，为学生以后的成长成才打下良好的基础。

4. 日常社会生活

在社会生活中，美是无所不在的，需要人们悉心关注生活，不断发现其中的美。社会美可以是奋斗的激情、是成功的喜悦、是久别的重逢、是亲情的温馨、是爱情的美好……只有人们发现和创造更多的美，才能给人美好的体验，让人产生追求美好生活的动力。从日常的艺术活动来看，美好的音乐旋律、漂亮的舞蹈姿态、古典飘逸的书法、意境深远的绘画，都可以给人带来美的享受。从道德品质层面来看，真诚善良和宽厚正直都可以打动人，助推社会发展与进步。车尔尼雪夫斯基说过："美是生活，任何事物，凡是我们在那里面看得见依照我们的理解应当如此的生活，那就是美的。"（《艺术与现实的审美关系》）人作为社会中的人，要时刻追求美好的生活。生活中处处有美，人的生活离不开美，需要人们善于发现和创新美。这种源自生活的美是最真实和平常的美，但是，快节奏的生活让人们有时忽略了生活中的美。因此，在进行大学生美育的过程中，教师要根据美育目标，在教学中融入生活中的各种美，让学生善于发现生活中的美，提升鉴赏美的能力。

（二）社会美的基本特征

社会美涉及多方面的内容，具备不同形式的特征。下面就针对社会美的基本特征进行分析：

1. 实践性

社会美来源于社会实践，不能脱离于社会实践且受到社会实践的制约。社会实践性是美的基本属性。社会美是人们在一定的社会关系中所构成的美，与人们的日常活动有着很大的关系，这种美一直伴随着社会的发展而发展，并且不断衍生出新的形式和内容，进一步满足人们的审美需求。如果人类的实践活动一旦中止，人与人也不会再交往，代表着社会不再进步与发展，那么，社会关系将消失，社会美也就不复存在。社会美是由人来创造的，当然也是由人进行欣赏的。社会美首要的基本特征就是社会实践性，会随着社会的进步不断发展。

2. 功利性

社会美可以发挥教育指导作用。审美的功利性具有隐藏性和潜伏性，属于精神上的满足感。在人类文明发展的最初阶段，社会美非常明显地表现出功利性，对社会发展起到非常积极的推动作用。如果事物对人和社会是无用的，那是不符合美的标准的。从具体的社会美的内容上看，善良虽然不等于美，但是在基础、内容、效果等方面与美具有一致性，都能对人们起到很好的教育引导作用，能够促使人们培养各自的兴趣爱好，满足精神上的需求。美与善是密切联系的，尤其在社会领域是统一和融合的，这对陶冶人们的情操、提升人们的道德修养和思想境界具有十分重要的意义。因此，社会美与社会进步和发展关系密切，体现出了很强的社会功利性。社会美感染性很强，能够给人美的享受，让人们心情愉悦，不断实现人和社会的共同发展与进步。由此可以得知，社会美的功利性具有潜在性，需要被不断激发出来，让人们不断追求美好的生活。

3. 历史性

社会历史的车轮滚滚向前，经历了不同的发展阶段，人们在每个阶段都创造了多种形式的社会美，体现了不同的内容与特征，尤其体现了民族性和地域性，让整个世界更加丰富多彩，也可以看出，在不同社会历史条件下，人们对社会美的追求也是不一样的，体现了时代性和历史性，人们通过欣赏不同时代的艺术品，就能发现不同的审美特征。在社会历史发展的进程中，无论是生产劳动的美、社会实践的美、阶级斗争的美、日常生活的美、科学技术的美，还是人们交往的美、服饰打扮的美、民族民风的美等，都与生活、生产、科技、制度、风俗、统治者意志等息息相关。以我国美学发展的历史为例，在不同的历史阶段呈现出不一样的特征，对高校美育的开展具有十分重要的借鉴意义。早在旧石器时代，我们的祖先就使用线条和色彩进行不同的搭配塑造不同的艺术作品，对后世审美产生了重要的影响。色彩属于原始的审美形式，主要来源于大自然。而线条的感受、领会、掌握等需要融入人的主观想法和审美意识，学习难度比较大。到了夏朝，青铜器的纹饰以兽面纹为主，体现了早期宗法制度统治者的威严力量和意志，体现出狞厉之美，也体现了当时主流的审美倾向，处处透露出威严感和神秘感。随着社会的发展，人们的审美水平不断提升，人们也充分感受到狞厉之美特有的价值。甲骨文的出现标志着汉字逐渐走向成熟，甲骨文采用“象形”“指事”等造字方法，极大地促进了社会文化的进步与发展。到了商代，金文出现。经过发展，金文演变为小篆，从整体来看，字形笔画均匀，彰显了内部结构美和艺术美。到了春秋战国时期（约公元前770年至公元前221年），百家争鸣极大地推动了传统思想文化的发展与繁荣。其中，孔、孟、荀代表的儒学的基本特征是，引导人们追求积极进取的人生观，把情理结合起来，对人的思想和行为进行指导。与此同时，以老、庄为代表的道家作为儒家的补充和对立面，对今天人们的世界观、人生观、文艺审美的发展产生了十分重要的影响。在这个时期，我国的文学艺术得到迅速发展，以《诗经》为例，它奠定了中国传统诗歌的基础，确定了以抒情为主的基本美学特征，明确了诗在艺术领域的功能，向人们展现了一个五彩缤纷、琳琅满目的世界。秦汉时期的艺术具有特有的美学力量与气势。在服饰上，体现了特有的个性和典雅的气质，秦朝服饰以黑为尊，古朴高级；汉朝服饰多元融合，典雅大气。魏晋时期，随着门阀士族和地主阶级的兴起，在绘画艺术中追求“气韵生动，以形写神”，文学中的“言不尽意”成为美学原则，体现了这一时期特有的审美特征。隋唐时期，社会趋于稳定，人们思想开放，以健康丰满的形象为美。与以往不同，唐朝的社会风气更加开放，对有血有肉的人进行了肯定，还出现了我国封建社会的艺术高峰。在这个时期，各种异国曲调和乐器融入传统的雅乐，出现了许多新的创造，如《霓裳羽衣曲》、胡旋舞。宋朝审美水平很高。宋史专家邓小南认为，由于国家“弱小”，人们本能地形成了一种忧患意识，影响了宋代人的审美意识，始终保持谦逊诚恳的心态。从整体来看，宋代的审美风格体现在尚“意”重“雅”方面。宋代经济发展水平很高，带动了文化的繁荣与发展，进而促进诗词、字画及雕塑等工艺行业的繁荣。在元代，审美方式也呈现多样化的发展，以文学为例，除了诗、词、文等，元曲、戏剧等也得到了快速发展，尤其是通俗文学成为发展的主流，形成了特有的元代审美风尚。明清时期是我国历史文化艺术发展繁荣的时期，在艺术创作和审美文化等领域发展迅速。在绘画方面，艺术家采用多种形式进行创作，如山水画、花鸟画、人物画等，种类很多，具有很高的艺术价值，形成了不同的绘画风格。在雕刻方面，主要以造像雕刻和印章雕刻为代表，取得了很高的艺术成就。但是，随着社会的迅速发展，雕刻艺术的发展遇到了困境。在陶瓷方面，明清时期的陶瓷技术不断向前发展，不断丰富陶瓷的类型，以景德镇陶瓷为代表。从整体上来看，明清时期的艺术创造与审美文化发展关系密切，对后世产生了深远的影响。

二、社会美的基本内容

社会美主要分为五个方面，即人物美、生活美、民俗美、节庆美和休闲文化美，下面分别进行论述：

（一）人物美

人物美可以从三个层面去理解：第一，人体美；第二，人的风姿和神韵；第三，处于特定历史情境中的人的美。这三个层次是由低层次向高层次发展变化的过程，需要结合实际情况进行理解。我国唐代著名文学家柳宗元提出“美不自美，因人而彰”的观点，认为美并非自生的，外物不能靠自身成为美的事物，“美”离不开人的审美活动。由此可知，美离不开观赏者，任何观赏者都带有创造性和实践性。由于人与人存在差异，所以在审美上存在不同，不同的人会获得不一样的审美体验。同一外物在不同的人面前显示为不同的景象，使得人们在欣赏美的过程中能够体会到不同的意蕴和美感。美会受到政治、历史、民族、社会、经济等因素的影响，美具有共同性和差异性的特征。人的美主要包括外在美和内在美：外在美主要包括形貌美、服饰美、风度美，内在美主要包括人的精神美和性格美。二者有着本质的不同。

1. 人的外在美

外在美是通过直观的外在形象体现的，能够给人直观的美感，主要体现在以下三个方面：

第一，形貌美，是指人的身材相貌的美，属于静态美和形态美，是一种自然美。形貌美是自然美与社会美的统一，是自然界长期进化发展的结果，也是人类社会意识和观念不断发展的结果。大体上讲，人体的形貌是否美可以从身材相貌、肢体动作、着装及内在活力四个方面来衡量和判断，大多数情况通过观察就能看出来，因为形貌美具有直观性的特点。人的外在美具体表现在身体健康，身材比例匀称，精神状态良好。人体的各个部分的动作要协调优雅、舒展大方、敏捷轻盈，着装要得体，符合人们的审美要求。中国古代有“四大美男”——潘安、兰陵王、宋玉、卫玠，还有“四大美女”——西施、王昭君、貂蝉、杨玉环。“四大美女”享有“沉鱼落雁之容，闭月羞花之貌”的美誉。无论是“四大美男”，还是“四大美女”，都彰显了东方特有的审美情趣。

第二，服饰美，是指人通过着装、发式、面部化妆修饰等产生的美感效果。如果说形貌是人的自然资质，服饰则是人的文化生成。服饰美主要体现为服饰造型与人的形体及性格的和谐统一、服饰造型与所处的环境的和谐统一、服饰本身的色彩协调、服饰配色与环境色调协调四个方面。我国有着悠久的服饰文化，在不同历史时期形成了不同的风格：商朝时期，随着社会生产力的发展，织布技术不断提升，人们已能精细织造极薄的绸子、提花几何纹锦、绮和纱罗。于夏商时代初步确立了冠服制度，到了西周时期，冠服制度已基本完善，确定了特有的服饰风格。冠服确立了上衣下裳的形制，其中上衣代表天，因为天在未明时为玄色，故上衣用玄色；下裳象征地，因为土地为黄色，故下裳用黄色。秦汉服饰继承了以往服饰的风格和特点，主色为黑，变化不大，仍以袍为典范样式，通常分为曲裾和直裾两种，袖子有长、短两种样式。随着纹绣水平的提升，绣出的图案更为精细和唯美，并将文字融入花纹中，丰富了艺术的表现形式。在面料使用上，秦汉服装多采用锦绣。绣纹以山、云、鸟、兽或藤蔓植物为主。而织锦以形式多样的几何菱纹为主，也有带文字的通幅花纹。通过分析可以发现，我国古代的服饰彰显了多种美学特征。

第三，风度美，是指人的风采和气度的美，就是指人们在长期的社会实践过程中形成的格调，体现的是一个人的气质和修养，主要通过人的言谈举止来体现。风度是一个人的精神世界、文化修养、性格气质的外在反映。言谈举止作为人的精神的表现，是体现人物美的重要方面。在我国历史上，魏晋风度是一种重要的文化表现，也是一种具有标志性的时代精神。魏晋风度自曹魏末年一直延续到晋朝，这一审美风格对后世产生了十分重要的影响。从表面上来看，这些魏晋名士表现出一种淡泊宁静、潇洒奔放和轻视世俗的态度。但这些名士追求的是一种思想境界，其内心对眼前的现实以及自己的人生有着强烈的执着，甚至存在一定的无助和矛盾。对于魏晋风度，不同学者提出了不同的看法。冯友兰认为魏晋风度是一种人格美的表现，鲁迅认为这是一种时代精神和文人心态。魏晋风度的时代意义在于它将魏晋时期士大夫阶层的价值取向充分反映了出来，在一定程度上代表了魏晋主流文化的发展趋势，是以人的自觉为前提，奠定了中国文人基本的人格精神。作为名士标识的魏晋风度千百年来一直都是文人名士追求的目标和敬仰的对象，对后世产生了重要的影响。

2. 人的内在美

人的内在美是指人的内在品质、性格的美，是人的美的决定因素。心灵美教育可以让人的内心世界美，也可以说心灵美能够影响人们的行为方式。人的内在美主要包括人的精神美和性格美：第一，精神美主要是指人的精神世界的美，包括高尚的爱国主义精神、崇高的理想、高尚的道德品质和情操、正确的三观、丰富的美好情感、渊博的学识和良好的修养等。大学生需要树立远大的人生理想，不断激励自己前进。第二，性格美主要是指人的性格特征的美。性格是指对现实的稳定态度及与之相适应的习惯行为方式。性格使人的精神具备了个性的感性特征。性格美的表现是热情、开朗、活泼、诚恳、稳重、刚强、机智、幽默等，与之相反的是冷漠、暴躁、怯懦、虚伪、软弱等。不同性格的人会表现出不同的生活态度。在道德情操方面，人要具备良好的道德意识和道德行为，保持稳定的心理状态；在学识修养方面，人要保持睿智大度的态度；在聪明才智方面，人要有聪颖鲜活的能力，尤其在处理问题上，人需要发挥自身的聪明才智。

在现实生活中，人物美中的内在美与外在美是统一的。内在美是人的美的决定因素，人的美侧重于美的内容，内在美是人物美的核心。因此，在进行大学生美育教学的过程中，教师要重视学生内在美的指导，让大学生始终保持内在美，帮助学生树立远大的人生理想，健全学生的人格，使学生保持积极乐观的心态，养成良好的行为习惯，进而提升美育的效果。

（二）生活美

对于一般人而言，日常生活是社会生活中最普通、最大量、最基础的部分。在一些人的印象中，生活是单调的、平淡的、毫无意趣的；其实不然，在日复一日的平常日子中，总有一些惊喜让人们感到满足。日常的生活蕴含着丰富的历史内涵和文化内涵。在日常生活中，人们只有以审美的眼光去发现生活中的美，才能发现自己生活在一个充满情趣的意象世界。

美是“应当如此生活”和使人“想起生活”的生活，人们要从社会实际出发，坚持历史唯物主义观点，坚持辩证法，正确认识生活中的美。美根源于社会实践，从本质上讲，美是社会实践的生活。自然美与社会实践的关系比较间接，自然物的美是人类通过实践活动，改变了自然与人原先对立或无关的关系，在产生审美主体与审美客体的审美关系之后，才显示出来的。而社会美与社会实践的关系是非常直接、非常明显的，生产劳动和劳动产品的美直接来源于生产劳动，是“按照美的规律来建造”的活动。人与人之间的美也直接来源于人们的各种交往活动，在交往活动中体现出哪一些语言、行为、思想是善的、美的，哪一些是恶的、丑的。

对大学生美育而言，教师要积极创造生活化的美育场景，不断宣传生活之美和思想之善，积极抵制各种恶的、丑的、不良的影响，为大学生创造良好的美育环境。

不同的文化蕴含着不同的美。中华民族的饮食文化体现了中国人特有的生活之美，不仅反映出中国人的生活习惯，还反映了中国人的审美情趣。中国人的生活离不开茶、酒等，这与人们的生活习惯息息相关，它们常常伴随人世的兴衰和悲欢，因而包含着丰富的文化意蕴。例如，李白的诗句："风吹柳花满店香，吴姬压酒唤客尝"，塑造了一个非常风流的意象世界——在充满花香的客店，我们要好好喝一场。宋代魏野的《书逸人俞太中屋壁》描绘了一幅"洗砚鱼吞墨，烹茶鹤避烟"的隐者生活小景——淡泊功名利禄、隐逸林间，追求的是无人打扰的高雅生活。

在欧美地区，喝咖啡形成了一种文化，咖啡文化包含丰富的文化意蕴和审美情趣。在西方世界，喝咖啡具有越来越浓厚的文化意味，人们把喝咖啡的过程同对音乐、诗歌、美术的欣赏相结合，与讨论哲学问题相结合，把更多的文化因素和审美因素纳入"咖啡时间"，使其成为生活审美化的重要环节。日常生活的美在很多时候表现为一种生活氛围美。这样一种生活氛围是精神的氛围、文化的氛围和审美的氛围。在人们的生活中，处处透露着美，人们要善于发展美，不断获得美的感受。

社会美是指社会中的各种美好、和谐、文明的表现，如公平正义、互相尊重、互助合作、团结友爱、相互包容等，也包括各种文化艺术、建筑环境、城市规划、公共设施等，使人们的生活更加美好和幸福。在美育的过程中，教师可以把美育与社会美融合起来，以提升学生的审美能力。

（三）民俗美

一个民族或一个社会群体在长期的生产实践和社会生活中，逐渐形成并世代相传、较为稳定的生活方式，称为民俗。当这种相对固定的生活方式显示出审美价值时，就称为风情，这是社会重要的审美领域，又称为民间文化，极具地方特色。在人类社会的长期发展过程中，不同国家和地区形成了不同的民俗，彰显了不同的审美特点，具有很强的美学研究价值。民俗风情涉及人们生活的方方面面。通常人们听到的、看到的有神话、传说、迷信、舞蹈、歌曲、音乐、信仰、故事、谚语、谜语、寓言、童谣等，都直接反映了百姓的生活，酸甜苦辣、喜怒哀乐成为人们生活重要的组成部分。中国是一个拥有五千年文明历史的国家，各个民族在长期的发展过程中，形成了丰富多样的民俗风情，也体现了不同的民族特征。

（四）节庆美

节庆活动作为人们日常生活中非常重要的活动形式，是人们对日常生活的超越，具有全民的性质，没有空间的界限，也没有演员和观众之分，所有的人都生活在其中，参与节庆活动成为人们释放压力的重要途径，满足人们的精神需求。节庆超越了世俗的等级制度、等级观念以及各种特权、禁令，也就超越了日常生活框架，显示了生活本身的面目，或者说回到了生活本身，成为人们精神上的寄托。人在节庆的活生生的感性活动中体验到自己是人，体验到人与世界是一体的，这是非常重要的审美体验，与人们的日常生活是分不开的。

（五）休闲文化美

休闲不是无所事事，也不是百无聊赖，而是人在职业劳动和工作之余的一种放松方式，是以文化创造、文化享受为内容的生命状态和行为方式。人们可以根据自己的实际情况支配时间，以自己的方式参与休闲活动，如休闲娱乐、休闲旅游、休闲阅读及休闲竞技等。从本质上来看，休闲是人类的基本活动，主要满足人的精神需求和文化需求，以优雅的姿态自由自在地生存。让人的精神压力和心理压力得以释放最主要的方式是放缓生活的节奏。休闲文化的核心是自由的、无功利的、无目的的“玩”，这与传统意义的“玩”有所不同，可以让人暂时忘记烦恼、忧愁、悲伤等令人不快的事情，获得短暂的休息。休闲文化常包含审美意象的创造和欣赏，所展现的意象世界往往是社会美、自然美、艺术美的交叉和融合，可以满足人们不同的需求。旅游是休闲文化的重要内容，是日常生活的隔离和中断，体验使一切都成了美。其中，旅游文化是休闲文化的重要内容，旅游活动从本质上讲就是审美活动，也就是非实用和非功利的心态和眼光，在精神上达到一种自由的境域，获得一种美的享受。

三、社会美的功能

为了满足实际的审美需求，人们赋予了社会美的功能，与人类社会的发展有着密切的关系，满足了人们多样化的需求。社会美是人的实践创造的产物，融入了人的思想、情感、理想、品格、才能，具有鲜明的时代性。各种形式的社会美有利于推动人们生活水平的提高和社会进步，具体体现在以下几个方面：第一，社会美可以满足人们在生活中多样性的需求，进一步丰富人们的物质生活和精神生活，给人们以美的享受，提升生活质量。在社会生产力不断发展的前提下，随着人们的生活水平不断提升，不同形式的社会美能够充分发挥引导作用，激发人们追求美的主动性，帮助人们不断追求美好的生活，享受追求社会美的过程，真正提升人们的生活品质，为以后的发展打下良好的基础。第二，社会美可以提升人们的幸福感和生活质量。社会美的营造，即建立一个公平正义、互相尊重、互助合作、团结友爱、宽容包容的社会，不断规范人们之间的关系，使人自觉遵守社会道德和法律，人们会感到更加安心和愉悦，减少冲突，更加注重社会和谐和人际关系的和睦，从而营造良好的社会环境，给人良好的服务。此外，各种文化艺术和艺术品能够丰富美学表现形式，为人们提供愉悦的体验，满足人们多样化的需求，促进人们的心理健康。第三，社会美的发展能够丰富人们的业余生活，让人们感受其中的快乐；通过社会美的宣导，能够激发人们参与社会生活的积极性，人们会更加愿意积极参与社会事务，为社会的发展作出贡献。第四，社会美好的发展能够提升人们的审美素养和意识。社会美涉及多方面的内容，并且会随着社会的发展而出现不同的变化。在当前社会迅速发展的背景下，人们的审美理念也出现了新的变化，为了适应新时代的要求，需要充分发挥社会美的引导作用，培养人们高尚的审美情感，提升人们的审美素养，让人们以优美的姿态审视和欣赏社会生活，树立良好的社会公德，追求更加美好的生活。

通过以上论述可以得知，社会美是社会进步和人们幸福的重要因素之一。因此，在日常生活中，人们要广泛搜集社会美，充分认识社会美的重要作用，不断充实自己的生活。在大学生美育过程中，教师要通过融入社会美的内容，营造团结互助、和谐友爱的学习环境和校园环境，让大学生感到安心和愉悦，保证学生的身心健康，激发学生参与学习活动的积极性。

四、社会美的创造与维护

创造和维护社会美需要全社会的共同努力和参与，激发大众的参与性，构建良好的社会美的氛围。在当前新时代社会经济发展的背景下，需要结合社会实际情况，根据大众的审美需求，不断丰富社会美的内容，扩大社会美的影响，更好地为大众服务。因此，不仅要创造社会美，还要维护社会美，让社会更加和谐、美好和进步。下面就如何创造和维护社会美展开论述：第一，建立完善的管理维护制度。政府要充分发挥行政指导作用，建立完善的管理维护制度，保障人们的权利和利益，促进社会的和谐稳定，不断丰富美育的功能。政府还要加强监管和管理，打击各种违法乱纪行为，维护社会公共利益，为人们提供更好的社会美的享受。第二，倡导互相尊重和包容的社会空间。社会中的每个人都应该尊重和包容不同文化、不同信仰的人。这需要加强教育宣传，推动社会文化多元化发展，同时需要每个人从自身做起，尊重他人的权利和感受。第三，加强互助合作和团结友爱。在社会中，政府要发挥行政引导作用。每个人都应该关心和帮助他人，促进互助合作和团结友爱。这需要营造和谐的社会氛围，加强互信和沟通，同时需要从自身做起，每个人都应积极参与公益事业，为社会作出贡献。第四，重视文化艺术和城市环境建设。文化艺术和城市环境建设能够为社会增添美感，要不断传承优秀的文化艺术，开发极具城市特色的美学艺术，彰显地方特色，提升城市的吸引力。政府要按照城市未来的规划，大力发展特色文化艺术，积极构建美好的城市环境，提高人们的文化素养和城市品质，打造宜居城市，提升城市竞争力。第五，加强生态环境保护。为了实现社会美的可持续发展，要重点保护自然环境，提升人们的环保意识，这是创造和维护社会美的重要基础。政府要加强生态环境保护和资源保护，推动经济、社会和环境的可持续发展，营造良好的环境。

第四节　科学美

科学美是指存在于人类创造性的科学发明和发现活动中的美，这与社会科技发展水平密切相关，直接影响着科学美的发展。美育教师要在美育的过程中不断融入科学美的内容，培养大学生的审美创新意识。

一、科学美的内涵

科学美是在人类审美心理、审美意识达到较高的发展阶段，在理论思维与审美意识交融、渗透的情况下，才得以产生的。在古希腊，自然哲学领域的发展水平很高，论辩成风，为科学美思想的诞生和发展创造了良好的环境，以毕达哥拉斯为代表，提出了很多著名的理论和观点，为科学美的发展作出了重要贡献，也对后世科学美的发展产生了影响。

科学之所以存在美，是由多方面因素决定的。科学研究的对象常常有其美的特征，如显微镜下的细胞构造、遗传基因的双螺旋结构，都能给人以美感，这都是大自然的鬼斧神工；科学研究的过程常常令科学家如痴如醉，全身心地投入工作，达到一种忘我的境界，彰显出科学家的研究美和奉献美；在进行科研的过程中，科学家发现的"真"本身也是令人叹服的美，科学家在取得研究成果后，常常会体验到无比的喜悦。

通过分析大量的社会实践可以发现，尽管科学美与其他美有不同的表现，但在本质上是一致的，是人类自由创造的精神产物。科学美具体体现在两个方面：一是科学作为审美对象所具有的内在规律性的和谐美；二是人作为审美主体在科学活动过程中产生的美感体验。这对科学技术的进步与发展产生了十分重要的影响。科学美是近年来科学界和美学界提出的新概念，并结合大量的事实列举了科学美的特征。但不少人对科学美是否存在持怀疑态度，认为科学美不存在，或者科学不具备美感。到底有没有科学美，科学家的观点最具权威性。其实，早在两千多年前，科学家们便对数学、天文学、物理学、生理学等领域的美有所体会，提出"哪里有数，哪里就有美"的观点。近代以来，随着工业革命的发展，科学技术也得到快速发展，诞生了很多著名的科学家，他们对科学美提出了自己的看法。居里夫人说过："科学的探索研究，其本身就含有至美。"① 科学美是用科学的方法和手段在自然美的基础上创造的一种高级形式的美。著名物理学家爱因斯坦非常重视想象力、直觉、灵感在科学研究中的作用。德国著名物理学家海森堡认为，科学美在于统一性和简单性。中国物理学家杨振宁提出在理论物理学中存在

① 张星兰，苗典典，刘亚勤，等.探索共发现一色 理性与科学齐辉：统编教材必修下册第三单元写作拓展[J].课堂内外创新作文（高中版），2020（11）：50-60.

三种美:“一种是现象之美，一种是理论描述之美，一种是理论框架之美。”[①]科学美主要是指自然界本身的美与和谐的特征在理论上的表现，通常涉及理论美、实验美。很多科学家把科学研究事业当成毕生追求的目标，也当成特有的审美活动，尤其是解密科学未解之谜，可以极大地满足他们的心理需求，使他们产生强烈的生理变化，来获得满足感和成就感。

二、科学美的特征

科学美是美的一种高级形式，是人们按照美的规律创造的智慧结晶。科学美客观地存在于人类创造的科学发现和发明之中，是人类在探索、发现自然规律的过程中所创造的成果或形式。科学美作为相对独立的审美形态，本质上是一种理性的美，是理智所能领会的一种和谐，这是内在的、深奥的、凭理智方可领会的美。

科学技术活动是对自然客观规律的探求，是不断探索科学的奥秘、求真的活动，但现代科学发展的事实告诉人们：科学与艺术一样都体现了特有的美学特征，科学家与艺术家都在努力追求着美。人们都以自己敏锐的直觉和智慧去探求大自然和人生命历程中的美。从这种共同的探求中可以发现，科学与艺术是密切联系的。著名物理学家李政道认为，科学与艺术是一枚硬币的两面，不可分割，它们的关系同智慧与情感的二元性密切关联。伟大艺术的美学鉴赏和伟大科学观念的理解都需要智慧。科学与艺术密不可分，科研探索过程也就是人们追求美的过程。

三、科学美的表现

在科研活动中，科学美可以说有多种表现形式，这为人们提供了更多美的选择，科学美主要体现了和谐之美、规律之美、匀称之美、分形之美、理性之美和创新之美。

（一）和谐之美

和谐就是多样性的统一，虽然世界上的事物数不胜数、千变万化，但是，事物是普遍联系的，事物中各部分、各因素的协调一致反映出一种和谐的结构，

① 肖飞．杨振宁科学美思想研究之“和谐美”[J]. 湖北教育学院学报，2007（12）：74-76.

是内在的运行规律。根据科学家研究的结果可知，从宇宙到原子，甚至质子，无论大小，都能反映结构的和谐性。比如，太阳系中的太阳和八大行星及诸多卫星，在引力的作用下，构成了和谐的太阳系。宇宙中许许多多的恒星系存在于一种和谐的状态之中，有其内在的运行规律。原子核与外围各层电子构成了和谐的原子结构，这种和谐无不给人以愉悦的美感。在事物发展过程中，和谐性得到不断的发展，不和谐性受到自然和社会的扬弃。在人类社会中，真、善、美是和谐的，假、恶、丑是不和谐的。人类社会每前进一步都是朝着人类的和谐前进了一步。人们在感受到和谐时会产生愉悦感。艺术作品普遍具有和谐性，美术包含色彩的和谐等，音乐包含声音的和谐等，这些和谐能给人以美感，令人向往。

宇宙自诞生起，一直建立并完善着自己的和谐性，并有其内在运行规律。科学能使人们从整体上把握客观世界的和谐性。在自然界中，对于许多现象，人们可以直接感受到，也有许多现象是人们不能直接感受到的。在视觉上，人们感觉不到宇宙在膨胀，感觉不到基本粒子夸克的存在，感觉不到光速。但是，自然界中的林林总总，多样变化，由于其内在的规律，都可以给人带来和谐之美。科学技术可以扩展人类的感觉范围，使人们能感受到更加奇妙的物质世界，得以在更深、更广的范围内去审视客观世界的和谐。

（二）规律之美

大量的科学研究表明，世界万物皆有规律。规律也可以被称为法则，是事物内在的、本质的、必然的联系，具有客观性和普遍性的特点。科学家从事科研，正是致力于揭示客观事物的规律，寻求繁杂事物和困难问题的答案，从而为社会发展服务。其中，数学的本质不仅仅是研究抽象概念之间的关系，还包括对数学的应用。在数学研究成果实际问题中而能取得惊人的成功，正是因为它们反映了实际事物的规律性。艺术表现的是具有鲜明形象的个体，如凡·高笔下的星空、莫奈笔下的向日葵。科学家则力求从整体上去把握圆的半径与圆周的关系。很多自然现象可以用简洁的公式来表达。一个简单的公式可能蕴含着许多自然界的奇妙景象，这就是科学的规律之美。以大自然为例，自然规律之美包括自然万象之美，在不同地区会呈现出不同的地形美，在不同的时间会表现出不同的光色美，即一年四季轮回更迭的规律美。万事万物都有其运行规律，人们要通过学习和研究，不断探索事物的规律之美。

（三）匀称之美

在现实生活中，匀称能给人带来美感。自然界存在着许多匀称的事物，能够给人美的感受，如形体的匀称之美、汉字的匀称之美。沿着一根树枝的枝头往下看，树叶呈螺旋状排列在树枝上，不仅排列有序，而且树叶之间旋转的角度很匀称，符合对数螺线的特点。还比如有些海螺的壳也呈对数螺线状排列。在数学上，黄金分割率体现了一种匀称之美。古希腊的毕达哥拉斯发现，当长方形的长与宽的比例为一定值时，人们的视觉体验可以达到快感的极致，即达到了“增之一分则太长，减之一分则太短”（《登徒子好色赋》）的可人境界。这个比例就是长：宽 =1.618 ： 1 或宽：长 =1 ： 0.618，它们都可以表示黄金分割率，都能体现非常明显的匀称之美。

（四）分形之美

自然界存在许多不规则的结构和图形，如起伏的山脉、弯曲的河流、变幻的云朵、飘动的旗子、方正的建筑等，这些事物随时在变，有的变化明显，有的变化不明显。随着科学研究不断进步，人们利用分形几何原理就可以探索自然界中事物的分形规律了。分形几何为自然界存在的复杂形状及非正规现象提供出一种数学描述方法，利用线条与色彩展示的描述结果非常迷人。分形几何起源于“海岸线问题”。一个国家的海岸线有多长？如果查查地理书，就会很容易找到答案。但是，海岸线的长度问题并不这么简单。如果用 1 米长的尺子去丈量海岸线，就会得到一个长度。如果再用 1 尺长的尺子去丈量，那么长度就会增加不少，因为用 1 米尺量的时候很容易就把一些小弯忽略掉了。就是说，在不同的尺度上海岸线虽然大的形状相似，但在细节总有些变化。这种变化恰巧反映了自然界存在的实际状况。再比如雪花是六角形的结晶体，在不同尺度上，雪花的形状也略有不同。分形几何图的变化无穷正反映了大自然的奥妙，令世人惊叹科学的分形之美。

（五）理性之美

从科学的视角来看，世界是一个理性的世界。科学的理性之美不是现实美，而是自然科学中的美。科学家主要对客观事物做理性的思考，通过概念、定理和逻辑论证寻找事物的规律和彼此之间的内在联系，对世界的质与量的关系进行精确把握，体现出科学的严谨性。科学的理性之美就体现在理论探索之中，科学的理论能架构成完整的理论体系，为人们认识和改造客观世界提供指导。伽利略发现了自由落体定律。后来，牛顿发现了万有引力定律，把伽利略的定律包括在其中。再后来，爱因斯坦发现了相对论，又把牛顿力学作为一种宏观低速状态下的特例包括在其中。这些力学理论的建立使人们惊喜地发现宇宙竟是有规律可循的，也是简洁、有序的。科学的理性之美也在于科学理论具有预见性。一个正确的科学理论不但能解释已经存在的事实，还能推理出未知的现象。爱因斯坦提出相对论时就提出了光线在太阳附近会由于巨大引力作用而发生弯曲，后来这一推论果然被天文学家的观测所证实。科学理性之美还在于它的启迪作用。古今中外，很多科学家通过丰富的想象力和创造力，在强烈的好奇心驱使下，不断认真探索与研究，反复实验，最后取得成功，获得研究成果。

（六）创新之美

科学属于一门创造性的学科，科学家通过长期的观察、推理及创新，不断创造新的理论和模型，加深了人们对自然的认识，推动了科技的进步，极大地改善了人们的生活。科学的创新之美主要体现在科学创新思维和审美修养方面，运用艺术的手段阐述研究资料，构建科学模型，提升艺术水平和科技含量。科学探索的过程就是创新的过程，科学家把这个过程视为美的享受。通过分析这个过程，人们能够加深对科学创新之美的理解。人类的发明创造都是科学家创新而来的，也体现了科学家的思考与探索。科学的创新之美有利于提升科学家的审美能力和文化素养，不断丰富其精神世界。

第五节　心灵美

心灵美亦称为“精神美”“内心美”，是指人的精神世界的美，涉及思想意识、道德情操、精神意志、智慧才能等多方面的美，也包括容忍、宽恕、接纳等美德，这与大学生人才培养的目标是一致的。心灵美集中体现了社会文明对人的要求，是行为美、语言美、仪表美的内在依据，并通过具体的感性形态被人们感知。在不同的国度、不同的时代、不同的阶级，对心灵美有着不同的衡量标准。在中国社会主义精神文明建设中，心灵美为“五讲四美三热爱”活动的“四美”之一。中国古代将心灵美称为“内秀”“性善”“仁”“诚”等。孔子提出“里仁为美”[①]，墨子认为“务善则美”[②]，孟子认为“充实善信”[③]是美德之人，只有善的、诚实的心灵才是美的。一个人只有内心真正拥有爱，才能表现出心灵美。心灵美是人的本质力量的集中体现，也是人类长期社会实践的产物，集中体现出社会文明对人的思想、感情、意志的要求。但是，心灵美会受到特定时代的生产方式、生活方式、社会制度、道德准则、文化发展状况的制约。

心灵美具体表现在一个人的教养、涵养、气度、仪表与态度等方面，是其内心深处散发出来的美，是人生经验的总结和提高，是形成世界观、人生观、价值观的基础，影响着人们的行为方式。心灵美与外在美既有联系，又有区别。外在美是先天的、不可选择的，不以人的意志为转移；而心灵美是后天形成的，从可能性上说，通过主观努力，每个人都可以拥有心灵美。外在美短暂易逝，心灵美长久永存；外在美是表面的、肤浅的，心灵美则是隐藏在内心、深刻且充实的。心灵美的发展需要有个过程，时间愈久，愈难掩盖其光芒，同时心灵美可以弥补外在美的不足，实现外在美和心灵美的互补。

心灵之美首先需要植根于知识的土壤。但是，学习的目的不只是获得知识，它还为人的发展奠定基础。人们学习现成的定理、公式、历史事件抑或其他，博览群书、广泛涉猎，这些都是人们能更好地理解事物、分析事物的前提，也是人们真正认识世界的出发点。一个人的生命是有限的，人们必须站在巨人的肩膀上才能使人类的车轮不断向前，这是人们所肩负的使命。知识的掌握是塑造心灵的必要过程，知识滋养心灵，学问成就气质，人们要有如饥似渴地吸收知识的冲动。书是知识的载体，读好书是保养心灵的最好方式，大学的图书馆应该成为每一个学生常去的地方。一个人的深度来自求知的努力程度和主观能动性。知识是死的，只有经过吸收、思考和领悟，在经验和阅历达到一定程度后，才能转化为智慧，

① 朱立元. 艺术美学辞典 [M]. 上海：上海辞书出版社，2012：558.

② 李奎. 自我公民教育研究 [M]. 北京：北京理工大学出版社，2012：176.

③ 宋春光. 管窥孟子的“充实之谓美”[J]. 青年文学家，2012（6）：158-159.

知识也因转化成了智慧才具有意义。智慧还不仅仅是对现有思想的领悟，还应该表现为一种创造力。这种创造力基于现实却高于现实，是对于未知世界的思考和推论，心灵创造力的无限性和超越性体现着一种更高境界的美。而一个不会思考、不去探究的人最终会失去创造力和想象力，知识最终会变成他的负担。心灵之美是一种德行之美，拥有高尚的品格，才能拥有人格魅力。一个人要做到“外化而内不化”，外化是人作为社会人所不得不做的，否则人就无法融入社会环境。但是，内心要有自己的道德标准和底线，也就是做事要对得起良心。

在新时代，教师应该努力成为心灵美和行为美的时代新人，拥有良好的素养和宽广的心胸。面对社会上不同的人群，个体应持怀柔之心，慈悲平和，做一个宽容的人，树立正确的价值观念，坚持做正义的事情，不让自己的行为被贪婪、虚荣和物欲左右。在现实生活中，人们要不断地与假、恶、丑等行为做斗争，逐步形成和发展心灵美。因此，人们要树立正确的价值观，尊重他人，不断学习，提升自己的素养和能力，为社会作贡献。新时代的大学生要积极参与各种有益的活动，拓宽视野，提高实践能力，丰富业余生活。大学生作为一种新生力量，要成为心灵美和行为美的时代新人，需要在心理、行为、价值观上不断努力，为社会作出贡献。

第三章　美育对大学生的影响

美育不仅能帮助大学生树立高尚的道德情操，还能促进大学生的智力发展，培养大学生丰富的想象力和创造力。柏拉图是西方最早对审美教育进行系统总结与分析的美学家，提出了很多审美教育思想，尤其重视艺术的美育作用，如学习音乐可以陶冶心灵。他把真、善、美作为教育的追求，明确了艺术教育的取舍标准，追求心灵优美和身体优美的和谐统一，具有明显的政治色彩与阶级色彩。亚里士多德认为美育教育能够净化人的思想，要重视艺术的教育引导作用，融入艺术思想和内容。

本章主要针对美育对大学生的影响展开论述，共包含四部分内容，分别为有利于培养大学生的美学思维、有利于提升大学生的审美能力、有利于激发大学生的创新能力、有利于促进大学生的全面发展。

第一节　有利于培养大学生的美学思维

美学思维通常指人们在审慎思考各项证据后，以推理的方式，推导出合理的结论，更好地指导自身的活动。美学思维是人类思维能力的一种，也是良好人格培养非常重要的一环。有了美学思维，人们才能更好地发现和探索这个世界，为后续发展提供重要的依据。大学阶段是人生发展的重要时期，大学生处于人格塑造的关键期，学校应充分重视对大学生美学思维的培养，采用正确有效的方法，帮助当代大学生塑造良好的人格，提升大学生的艺术素养，启迪大学生的智慧，为其后续发展提供重要的帮助。

一、美学思维能够帮助大学生塑造良好的人格

在互联网时代，大学生所处的环境非常复杂，有很多不良的因素影响大学生的人格养成。通过培养大学生的美学思维，指导大学生养成良好的思维习惯，帮助大学生更好地适应学习环境、生活环境、大学环境及社会环境，提升大学生的适应能力，能够使大学生真正实现身份的转变，明确自己在学校、社会等环境中的角色。在大学里，学生是美学思维的身体力行者，人类越是发展，美学思维越是重要。不论是在教育中还是在人格的塑造上，理性都具有决定性的意义。学校要对大学生进行全面的指导，这也是全面开展大学生素质教育的基本前提。尤其是美术领域，绘画作品和雕塑作品首先以情打动人心，通过情感的共鸣，引发人们的思考，给人们以良好的艺术审美体验，促使人们获得深刻的情感体验，促进和实现人格的完善。比如，一幅优秀的艺术作品不仅仅注入了艺术家的审美态度和思想情感，还融入了艺术家自身的人生价值观和对理想人格的认识，借此由感性上升到理性，也体现出美学思维的存在美。理性思维可以转化为美，美学思维可以创造美，可以丰富大学生的业余生活，使其获得不一样的感受。而美学思维的养成可以促进良好人格的形成，良好的人格可以促进美学思维水平的提高。对艺术欣赏能力的培养、艺术创造能力的培养以及参与各种艺术活动都会对大学生的身心产生巨大的影响。基于此，学校要组织多样性的活动，鼓励大学生积极接触艺术作品、参与艺术活动，培养艺术兴趣，获得艺术能力，提高艺术修养，让更多的大学生用美学思维的方式进行思考，从而培养他们严谨的治学和生活态度，

为健康人格的塑造打下坚实的基础。

二、美学思维能够为大学生提供良好的指引

美学思维能够为大学生提供良好的指引，为大学生以后的发展提供良好的指导和帮助。第一，有利于帮助大学生树立科学的世界观。当代大学生具有振兴中华的强烈愿望，善于学习、勤于思考、勇于探索、敢于创新，具有较高的科学文化知识和理论素养，对社会和人生有着美好的愿望。但是，他们中的部分人缺乏人生阅历，生活范围狭窄，对自然、社会、自我的认识主观、片面。因此，学校有必要对大学生进行马克思主义科学世界观和方法论的教育，使他们从宏观上把握自然、社会、思维发展的一般规律及其基本观点，正确认识人与自然、人与社会、人与人、他人与自我之间的关系，摆正位置，认清个人在社会发展中的历史使命，构建科学的、正确的世界观。第二，帮助大学生树立为人民服务的人生观。为人民服务的人生观不仅直接体现着维护人民的整体利益、根本利益、长远利益的实质，而且是保障社会主义现代化建设的基础。大学生是社会的新生力量，确立为人民服务的人生观既是时代的必然要求，也是充分展示个人潜力的需要。个人的发展与人民的需要紧密地联系在一起，这样的发展是最有前途的，这样的人生是最有生命力的，也是最有价值的。当然，为人民服务并不意味着放弃个人的兴趣、爱好与需要。为人民服务人生观的实现依赖于个人的自我完善与发展。因此，学校要鼓励学生自我服务、自我发展、自我完善、自我创造，强调社会动机，同时要重视个人动机。第三，有利于帮助大学生树立坚持集体主义的价值观。马克思主义认为，一个人实现人生价值的真正含义不是别的，而是使自己潜在的劳动和创造能力发挥出来，为他人、为社会、为人类作出贡献。“只有在共同体中，个人才能获得全面发展其才能的手段，也就是说，只有在共同体中才可能有个人自由”①。大学生要站在集体主义的高度，认识自己在集体中的地位和使命，无论何时何地都要把集体利益放在第一位。当然，如果是“假”集体，如果集体利益代表不了人民群众的根本利益，那么，作为集体中的个人要敢于与假集体的观念与行为做各式各样的斗争。这种斗争不仅不是背离集体主义，而是集体主义本身所要求的，也是健全人格最突出、最重要的表现。马克思指出，个人与集体的关

① 王柳.《德意志意识形态》中的思想政治教育人学逻辑 [J]. 南方论刊，2024（2）：101-103.

系是辩证统一的，而不是割裂的。个人只有为集体创造价值，才能更好地实现个人的价值；个人的合理需要得到满足，个人才能生存和发展；个人的价值只有得到集体的承认才会激发个人的创造性。

三、美学思维能够帮助大学生树立正确的理念

美学思维能够帮助大学生树立正确的理念，具体体现在以下几个方面：第一，有利于促进大学生的学习和成长。大学生应该注重自己的学习和成长，通过不断地学习来提高自己的能力和水平，达到实现自我的目标，不断适应当前社会发展的要求，以更加饱满的热情投身于生活和学习。第二，有利于提升大学生的社交和互助能力。为了更好地适应大学生活，找到归属感和认同感，大学生应该注重社交和互助，建立各种人际关系，从中获得支持和帮助，学习合作和沟通等技能，同时可以获得更多的乐趣和愉悦感。第三，有利于提升大学生的保健能力。美学思维能帮助大学生注重健康和保健，保持良好的体质和心态，胜不骄、败不馁，拥有更多积极有效的生活方式，不断追求自身更好的发展。第四，有利于开阔大学生的视野，使其保持积极乐观的生活态度。为提升学习品质和生活质量，大学生要通过参与各种社团活动和志愿者工作等方式，拓宽视野和积累经验，增长见识和知识，积攒技能，为以后的发展打下良好的基础。第五，有利于提升大学生爱与关怀的能力。美学思维教育有利于提升大学生爱与关怀的能力，激发大学生的积极性，促使其主动承担社会责任和义务，真正学会关心社会和他人，通过自身的努力，为他人带来更多的帮助，做一个有益于社会和人民的人，不断实现自身更好的发展。

四、美学思维能够让大学生更加理智

美学思维的培养能够让大学生更加理智，理智学习、理智消费、理智生活等，为自己营造良好的学习生活环境。第一，有利于培养大学生的批判性思维。教师应指导学生运用自己学到的知识，质疑和审视信息，对别人说的话、做的事，不盲从、不轻信。对于任何观点或主张，保持怀疑态度并进行合理的思考和评估，避免上当受骗，减少精神损失和财产损失。第二，有利于让大学生学会权衡利弊。在美学思维的帮助下，大学生在作出决策时，不仅会充分考虑各种因素的利弊，

不仅看眼前的好处，还会思考长远和整体的影响，正确处理好长远利益与近期利益之间的关系，从而有效避免冲动行为。由于有了美学思维，大学生能够基于理性思考，作出正确合理的决策。第三，有利于帮助大学生学会控制情绪。随着学业压力和就业压力的日益增加，在多重挑战、压力和冲突的影响下，美学思维能够帮助大学生时刻保持冷静和理智，避免被不良情绪左右，从而结合自身实际情况，寻找积极的解决方法，最大限度地减少情绪化的言辞和行为，保持良好的人际关系。第四，帮助大学生接纳不确定性。进入大学以后，大学生活充满了变化和不确定性，对大学生而言，既是机遇，又是挑战。美学思维的指导能够帮助大学生学会面对和接受这种不确定性。针对实际遇到的问题，大学生能够灵活适应、调整计划，保持积极、乐观的心态，去迎接新的挑战，实现自身更好的发展。第五，有利于培养大学生的学术诚信。进入大学以后，大学生需要参加相应的科研项目。美学思维的培养让大学生在学术领域能够遵守学术道德和规范，不抄袭、不作弊，保持良好的道德素养，养成良好的学术研究习惯，尊重知识产权和他人的劳动成果，彰显新时代大学生的风采。第六，引导大学生尊重差异。与各种不同背景、观点和经历的人打交道时，美学思维能够使大学生保持开放和包容的心态，尊重他人的权利和自主性，促进多元化和平等的交流。第七，有利于提升大学生的协调能力。美学思维能够帮助大学生在各种活动中寻求平衡，不断作出最优的选择；能够指导大学生合理规划自己的时间，提升自我管理能力，根据自己的学业、兴趣爱好选择适合自己的社交活动，进行科学合理的安排，事半功倍，收获更多。

美学思维作为人类思维的高级形式，能指导人们把握客观事物的本质和规律，属于一种积极主动的活动，有利于健全大学生的人格。美学思维能力是人区别于动物的能力。大学生作为重要的后备力量，在未来的社会生活中，会发挥主导、先导、引导、督导等重要作用，这就需要当代大学生注重美学思维的作用，善于运用美学思维，解决好理想、理念的问题，为以后的发展打下良好的基础。

第二节　有利于提升大学生的审美能力

审美教育涉及多方面的内容，通过广泛开展审美教育，能够有效提升学生的审美能力。下面就分别进行论述：

一、有利于提升大学生的审美修养

一个人的审美素质是其文化修养、思想意识、道德情操、价值观念等的集中体现。因此，审美教育首先应当重视文化修养、知识储备，注重道德情操的养成。一个人有了高尚的道德情操便会形成良好的心理状态和健康的审美情趣。因此，只有具备良好情操、美好道德的人才能感受美、鉴赏美和创造美，才能不断地自我完善，提升和超越自我。高校教师要紧紧抓住机遇，积极宣传社会主义核心价值观，不断推广社会主义先进文化。学校应当有针对性地定期邀请国学专家、学者举办讲座，其内容可以涉及中华民族的传统美德、英雄事迹、传统艺术等许多领域，以弘扬民族传统文化为目的，开阔学生的眼界，提高学生的人生境界与文化艺术修养。

中国传统文化历来重视“人”的修养，形成了向内探求的主体性道德精神，集中体现为以律己修身为特征的美德修养学说。这种修养学说强调自主自律、自我超越，维护人伦关系和整体秩序，建立自我道德。在大学生美育过程中，教师要不断融入传统审美理念，加强道德引导，不断健全大学生的人格。《礼记·大学》记载:“自天子以至于庶人，壹是皆以修身为本。”[①]就是说，从天子到普通民众都一心把修身看作根本，由此可以看出修身对国家和个人的重要性。修身的目的在于个体自我完善，成为道德上的圣人，为治国平天下打下基础。在中国伦理思想史上，形成了一整套富有特色的修养方法，如慎独、内省、自讼、主敬、集义、养气等。关于慎独,《中庸》记载:“莫见乎隐，莫显乎微，故君子慎其独也。”[②]在一个人时，没有其他人监督时，更要谨慎从事，遵守道德规范。关于内省,《论语·学而》记载，曾子说过“吾日三省吾身”。这种修己内省的修养传统培养了中华民族践履道德的自觉性和主动性，造就了许多具有美好道德与高尚情操的文化人。荀子在《劝学》中说过:“君子博学而日参省乎己，则知明而行无过矣”，君子不仅要博学，还要每天检验反省自己，用聪明才智改正自己的错误，这就体现了很高的人文素养。关于内讼,《论语·公冶长》中记载:“吾未见能见其过而内自讼者也。”[③]这是孔子提出提升自我修养的一种方法，就是要责备自己所犯的

① 徐爽. 中华家风箴言录 [M]. 济南：齐鲁书社，2020：172.

② 郭心刚，孙军正. 向下负责 [M]. 北京：中国财富出版社，2022：84.

③ 卢德平. 中华文明大辞典 [M]. 北京：海洋出版社，1992：77.

错误，谴责自己不道德的行为。主敬又被称为“持敬”“居敬”等，这是宋代理学家提出的道德修养方法，要求人们“守真心”“除妄念”，提升自己的思想境界和道德涵养。

二、有利于提升大学生的艺术欣赏水平

艺术美来源于生活又高于生活，反映真理并用真挚的感情来表达。古代先贤提出来的美学思想是非常值得借鉴的。在周朝时期，周公“制礼作乐”充分彰显了当时特有的美育理念，“礼”即日常的行为规范和重要礼仪，“乐”主要是以音乐、舞蹈、诗歌等为代表的综合艺术。礼乐的结合形成了极具当前时代色彩的规章制度。到了春秋时期，礼教制度遭受到了极大的破坏。《论语·阳货》中记载：“三年之丧，期已久矣。君子三年不为礼，礼必坏；三年不为乐，乐必崩。”① 由此可以看出礼乐的重要性，如果不重视礼乐，就会礼坏乐崩，社会秩序就会混乱。我国著名的教育家和思想家孔子开辟了教育新领域，创建了古代平民教育体系，向弟子传授“六艺”——礼、乐、射、御、书、数。这些学科包含了多种美育因素。然而，中国美学的真正起点是老子，他提出了有无之美、虚实之美、尚柔之美、自然之美、形神之美等美学命题。庄子以艺术之美来悟道，认为“天地有大美而不言”②；孔子的审美理想是“仁”，通过分析可以得知，他的审美思想在社会的发展过程中发挥着十分重要的作用。《论语》中关于美学有过这样的描述：“兴于诗，立于礼，成于乐。”③ 可见，美育能够培养人们的创新思维、完善人格、陶冶情操。因此，高校在加强审美教育的过程中，针对社会上的文艺思潮、审美趋势及大学生的审美需要，用正确的审美导向引导大学生树立健康的审美追求是一种有力的手段。需要指出的是，公共美育不同于专业美育，它面向的是全体非艺术专业的学生。首先，高校要建立必修和选修相结合的审美教育课程体系，将一定的美育课程纳入公共必修课程。其次，审美教育课程类别要尽量覆盖音乐、影视、舞蹈、美术、戏剧、文学等几大艺术门类；在课程层次上，应兼顾理论、赏析、技巧等多个层次；在课程形式上，则应多样化，体现学校特色。

---

① 程皓月．儒魂：当代儒家的新古诗 [M]. 北京：东方出版社，2021：86.

② 闵龄．道中的道 [M]. 北京：台海出版社，2015：192.

③ 聂振斌．中国美育思想述要 [M]. 广州：暨南大学出版社，1993：38.

例如，理工科专业可以多开设艺术与科学互相交融的课程，如数学与音乐、科学与艺术等；文史及综合性专业，则可以开设文化底蕴深厚的课程，如艺术哲学、艺术美学等。最后，高校要根据课程体系培养相应的师资，加强公共艺术教师的交流和培训，提高他们的审美水平和教学质量。因此，高校应当成立独立的公共美育机构——公共美育中心，来统筹并负责全校审美教育课程体系的建设，组织任课教师加强公共艺术课程教学研究，切实提高教学质量。组建大学生艺术活动团体和业余兴趣小组也是美育的有效途径。大学生艺术社团可以包括校级合唱团、民族乐队、话剧社、舞蹈团等。社团要发挥学生的主体作用，开发一些切实可行的活动内容，由学生自愿报名、自行组织，形成特色团队；要充分利用课余时间，组织学生开展一系列以陶冶情操、提高素质为目的的活动，如演讲赛、书画展、演唱会等，有效提高大学生的艺术审美素质。高校有关部门应加强对学生艺术团体或业余小组的管理与指导，组织他们进行学期总结，或以年级、系（院）为单位开展比赛和交流；安排专业教师定期对大学生的艺术活动进行辅导，提升大学生对高雅艺术的欣赏水平和对通俗文化的正确理解，这对于引导大学生自觉抵制不良文化的影响，促进大学生的全面、健康发展具有积极意义。

三、有利于营造良好的校园环境

为了全面做好美育工作，高校要采取多种方式，营造有利的校园育人环境，积极推进审美教育，在潜移默化中感染大学生，提升大学生的素养，不断陶冶学生的情操，真正以文化人、以美化人。从美学的角度来看，美化环境的过程也就是对环境中与人们息息相关的各种美的潜在客体进行精神化再创造的过程，也是对其进行文化价值的挖掘和升华的过程。大学校园文化包括审美化的校园精神文化环境、校园物质文化环境、校园制度文化环境和丰富的校园活动文化等是校园文化精神的物化形态，构筑并丰富着校园的审美空间，可以为学生提供高水平的审美享受，提升美育的效果。大学生美育能够营造积极向上的校园文化氛围，用高品位的校园人文环境陶冶大学生的审美情趣。第一，有利于培养学生健康的理想信念，积极落实高校已有的教育理念，有利于充分发挥学生的主体作用，提升美育的效果。高校要传承优秀的教育文化，做好校风、校貌、校训宣传，构建全体师生员工共同遵循的审美情趣、行为习惯、价值观念等校园精神文化，引导人们的信念和追求。第二，有利于推动高校打造高质量的美育隐性课程，提升美育的效果。高校要坚持因地制宜的原则，按照美的规律来设计和建造建筑物，以及校园内的标志雕塑、宣传橱窗等，作为校园物质文化环境的隐性课程，其对学生审美习惯和品德形成的影响是持续不断、潜移默化的。在美育的推动下，有利于构建完善的美育课程体系，推动美育与其他课程的融合教学，改变以往单一的教学模式，推动高校大学生人才培育方法改革。第三，有利于推动各项美育活动的开展。高校应该将校园精神文化渗透到活动中，开展丰富多彩的校园活动，尤其是文艺活动、体育活动、实践活动等，让更多的大学生充分参与进来，以激发大学生的学习兴趣，充分发挥美育的指导作用，帮助大学生完善知识结构、训练各种能力、施展各种才华，促进大学生的全面发展和个性发展，不断提升大学生的审美情趣，为培养时代新人创造良好的条件。

四、有利于培养大学生良好的美感

高校通过应用不同的美育资源，可以让大学生感受不同的美感，培养大学生良好的审美情趣，提升大学生的美感，为大学生提供良好的指导和帮助。科学美能够激发大学生的创造力和更强的想象欲望，启迪他们的创造思维，让他们产生自由创造的美感。在当前社会迅速发展的背景下，人们的审美理念出现了新的变化，为了适应新时代的要求，需要充分发挥社会美的引导作用，培养人们高尚的审美情感，提升人们的审美素养，让人们以优美的姿态审视和欣赏社会生活，保证思想品质，追求更加美好的生活。自然美能够陶冶人们的情操，荡涤人们的心灵，充分发挥美育作用，让人们能够返璞归真，不仅可以让人们享受自然界美丽的景色，还能激励人们积极进取，获得好的心态，保持积极乐观的态度。艺术美可以引导人们欣赏艺术作品，让人们充分感受愉悦和欢乐。不同的美可以给大学生不同的感受。因此，在大学生中开展审美教育，应该是高校各个学科专业、各个教育环节共同的责任，是在学科专业教学中创造审美教育环境的共同追求。高校要充分认识美育的重要性，进行合理定位，不断整合不同学科的美育资源，引进现代化的美育理念，真正发挥美育在大学生人才培养中的重要作用。在日常教学过程中，美育离不开教师的专门指导和帮助。教师要根据实际情况，寻找、挖掘、应用各课程中的美育资源，注意授课表达、操作方式上的美学问题。各门课程都能起到审美教育的作用，如汉语言文学专业课程，可以使学生欣赏到文字美、语言美、人物形象美、作品意境美；旅游科学课程，可以充分地让学生感受到山河美、地形地貌美、物产资源美；在历史学科课程中，历史战争中波澜壮阔的场面，有血、有肉、有情的历史人物等，都为大学生审美想象力的培养提供了广阔的空间。每一门学科都蕴含着丰富的美育资源，彰显出不同的美育韵律和特征，为美育工作的开展打下了良好的基础。因此，各学科专业的教师应善于挖掘美、捕捉美、发现美、探索美，不断把各种美育资源充分应用到日常美育过程中，利用本学科专业教学内容中丰富的审美因素，引导大学生进行审美认识，有效地激发大学生的学习兴趣，提高他们的审美情趣。

第三节　有利于激发大学生的创新能力

大学生创新教育就是要培养大学生的创新精神、创新意识、创新技能等，其中对创新思维的培养是重点内容。高校开展美育工作，设置美育课程，有利于激发大学生的创造能力和创新能力，不断适应新时代发展的要求，为社会培养更多优秀的人才。从本质上讲，艺术活动就是一种创新思维活动。美育内在的丰富性和创新性可以激发大学生良好的想象力，进而培养和发展大学生的创新思维能力，对于大学生的全面发展，尤其是创新能力的培养，具有重要的作用。下面分别进行论述：

一、美育能培养灵活性思维

灵活性在很大程度上反映了思维的广度，是思维广阔性的体现，也是创新思维得以发生的重要因素。艺术作品是来源于生活而又高于生活的，是平凡生活的“再现”，也是对平凡生活的“表现”。高质量的艺术品在一定程度上是虚构的，而进行艺术虚构就离不开想象，没有想象，就没有艺术创造，艺术就很难发展下去。审美想象是指在情感的支配下，指导人们进行形象分解、综合，再创造新形象的过程，能够培养人们灵活性的思维。因此，教师应从大学生的实际情况出发，设计具有针对性的美育方案，加强对大学生的美育指导，以提升教学效果。

创新思维同样离不开想象力的培养。想象力是指人们在已有形象的基础上，创造出新形象或新画面的能力。想象在意识与潜意识之间架起一座桥梁，把人的个性、智力和精神、情感紧紧地融合在一起。罗宾·乔治·科林伍德在《艺术原理》中指出："真正艺术的作品不是看见的，也不是听到的，而是想象中的某种东西。"[①]达·芬奇的《蒙娜丽莎的微笑》、毕加索的《牛头》、凡·高的《星空》、莫奈的《干草堆》等就是创新思维和天才想象完美结合的代表作，这些艺术作品对后世产生了重要的影响，也是美育的重要资源。在这些作品中，以毕加索的《牛头》为例，作者充分发挥创造力，通过无限想象，独具匠心，充分利用各种艺术创作技巧，将微不足道的一辆旧自行车车座和车把进行完美组合，将普通物品的美在这件艺术作品中充分表现出来，赋予了这些普通物品新的生命力，彰显出较高的艺术价值。在艺术创造过程中，想象的参与提高了思维的灵活性和广阔性。美育在培养大学生的想象力方面有其独特的优势，凭借艺术创作和艺术作品的自由性、模糊性和不确定性的特征，带给大学生想象和联想的广阔空间，极大地丰富了大学生的情感和想象力，促进了大学生创新思维的发展。

美育有利于创新现有的教学方式和教学内容，促进大学生人生价值的自我实现和全面发展。大学美育注重培养大学生的创新能力是素质教育的基本要求和应有之义，这对教师和大学生都有百利而无一害，不仅有利于教育工作者的全面发展，更有助于培养出具有创新能力和综合素质的新型人才，实现人的全面发展。对教师而言，大学美育注重培养大学生创新能力的要求可以促进教师灵活地开展教学活动，在培养大学生的创新能力的同时，个人创造水平也得以提升，真正达到教学相长。对学生而言，大学美育有利于将学生打造成符合社会需求的高素质的综合型人才，在其将来走向社会后，能够不断创新、创造，突破自我，为社会作出更大更多的贡献。

二、美育能培养综合性思维

教师要整合不同的美育资源，构建完善的美育体系，在优化教学的过程中，培养学生综合性的创新思维。创新思维不是一种新的思维方式，也不是简单的某一种思维形式的运用，而是对聚合思维与发散思维的综合运用。这对美育教师提

① 科林伍德．艺术原理 [M]. 王至远，陈华中，译．北京：中国社会科学出版社，1985：146.

出了更高的要求和标准，要重视学生综合性思维的培养，为学生以后的发展打下良好的基础。

美育具有发展思维整体性、综合性的功能，任何艺术活动都是将事物的形状、色彩、空间等知觉对象进行综合、叠加、黏合、变形、补充和夸张，形成新的审美意象，是对事物的一种综合性把握。美育能够有效地培育大学生的综合性思维，提升大学生综合分析问题的能力。在这种情况下，教师要从大学生的审美需求出发，不断融入各种艺术内容，加强音乐、舞蹈、美术、语言等美育内容，指导大学生发现生活和自然中的美，培养大学生发现美的眼光，提升大学生发现美和运用美的能力，提升大学生的综合性思维。

美育的开展有利于促进各个学科的融合，有利于美育学科的可持续发展。大学美育倡导培养学生的创新能力，真正实现学生更好地发展，对于美育学科本身而言就是新的突破与发展。高校通过美育培养出一大批具有高素质的全面人才，有利于美育学科研究工作的继续开展，从而促进美育的发展。由此可见，大学美育有利于培养大学生的创新能力，与全面的高素质人才培养是相互促进的，二者融合有利于形成良性循环。

三、美育能培养独立性思维

独立性是创新思维的必备素养，是开展创新活动的前提和基础。创新思维的独立性具体表现在两个方面：第一，科学地怀疑。这种怀疑以客观事实为依据，积极地从反面对现存的理论、方法进行深思考、再探索和再研究，不断拓展思路，促进科学的发展。在美育过程中，教师要培养大学生的质疑思维，使大学生勇于表达自己的看法，真正激发大学生的自主性，使大学生能够对艺术作品提出自己的看法，发表自己的意见，满足美育的基本要求。第二，积极地批判。这种批判表现为客观、冷静地思考问题，对常人认为是完美无缺的结论、现象从另外一个角度进行修正或“扬弃”，抛弃不好的，发扬美好的。它的实质还是对创造对象的价值作出重新判断，从而导致新的观点的诞生。艺术审美活动具有其他任何活动都无法比拟的高度的自由性、独立性和批判性。大学生在艺术审美过程中，完全受自我意识的指导，审美对象的美与丑、好与坏、真与假，都是由个体作出独立评价的，大学生独立、批判的思维方式就在这个过程中逐渐形成。

美育符合当前我国对人才的需求。为了能适应、促进现代化建设的需要，各高校应提高对大学生创新能力的重视，培养出一大批符合社会经济发展需要的、新型的、具有创造性思维和能力的高素质人才，增强我国科技研发能力和自主研发能力，促进科技、社会、经济、文化的全面进步。

四、美育能培养独创性思维

思维的独创性是指人进行独立思考，形成有社会或个人价值的、具有新颖性的智力品质，具体表现为人在新异情况或困难面前能够采取对策，以及能够采用独特的、新颖的方式解决问题。任何创新活动都与思维的独创性密不可分，主要表现为不墨守成规、除旧布新、前所未有、不同凡俗、别出心裁。美育教育鼓励大学生从不同的角度来理解和探索艺术，通过自由创作和表达，培养大学生的创造性思维和创新能力，促进大学生的综合素质和批判性思维的发展。

艺术作品之所以被称为艺术作品，主要就是因为它的独创新颖和不可复制，体现了艺术创作的独创性。艺术本身就是独创性的创造，是艺术家用自己独特的审美情趣、艺术才华、艺术修养、艺术能力，甚至生命对现有资料进行想象、构思、改造、升华，创造出独特的艺术作品。艺术审美亦是如此，需要教师对学生进行全面指导和帮助。在审美活动中，教师要充分发挥学生的主体作用，让学生以自己独特的经验、学识、个性、情感、想象等去品味、理解、把握、再造艺术审美对象，从而达到对艺术作品的深刻而独创的理解。美育可以培养学生思维的独创性，使他们进行创造性的学习，不拘泥、不守旧，敢于创新，采用独特的和新颖的方式解决问题，发展他们的创新思维。通过美育教育教学，重视对大学生独创性思维的培养，有利于满足当前大学生成长、成才和成人的实际需要。教师要结合以往的经验，在以课堂教学为主的基础上，以线上与线下融通的教学模式，有效激发大学生学习的主动性、参与性，强化互动性；通过鼓励大学生密切关注和联系自身实际及社会生活实际问题进行思考、分析，不断丰富、完善审美知识，提高大学生感知美、判断美、欣赏美和创造美的能力，使其形成正确、高尚的审美观。

第四节　有利于促进大学生的全面发展

高校美育的实施有助于促进大学生追求美好理想，提升大学生人格的境界；有助于促进大学生心理健康的发展，从而培育大学生的健康心理，提升大学生心理素质；有助于促进大学生审美能力的发展，增强大学生的情感体验和表达能力；有助于促进大学生智力的充分发展。下面从五个方向展开论述：

一、有利于提高大学生的艺术素养

爱美之心，人皆有之，这也是每个大学生的天性。社会发展就是不断追求美和实现美的过程。通过美育教育，大学生能够了解和欣赏不同的艺术形式和作品，从而提升艺术素养，培养敏锐的审美能力，提高审美品位和鉴赏能力。当今世界是一个以知识经济为主导的时代，社会对大学生人才的质量提出了更高的要求。现代企业需要的是全面发展的高素质大学生人才，所以，高校应该及时调整大学生人才培养战略，以培养大学生的综合能力、提高大学生的综合素质为目标，加强美育教育，使大学生既有良好的专业素质，又具备丰富、广博的文化基础，帮助大学生提升素质和艺术修养。美育能够增强素质教育在大学教育中的效果，并挖掘大学生潜在的能力，促进大学生的全面发展。席勒认为，美是感性与理性的统一，审美的王国是人类追求的最高目标，美育的特殊使命就在于通过美消除理性对感性的压抑，恢复感性的权利，获得美的感受，促进大学生人性中对立要素之间的和谐。

美育通过培养大学生的审美意识，提高大学生的审美能力，能够使大学生的内心健康宁静，并在潜移默化中引导大学生形成正确的思想道德和价值观念。美育弥补了传统教育形式的不足，有利于激发大学生的潜能，提高大学生的综合素养，促进大学生平衡、健康、全面地发展。美育在素质教育中占有很重要的地位。美育起着“春风化雨，润物无声”的熏陶作用。美育还具有陶冶情操、净化心灵、升华思想境界、塑造完美人格等多重作用，能够引导大学生向往善人善事，召唤大学生对人类崇高行为进行仿效。同时，美育能够通过审美欣赏和审美评价，扬美抑丑，颂善贬恶，引导和促进学生坚守底线、端正品行，树立崇高的理想目标，提高美好的人生境界。

二、有利于促进大学生德育工作的开展

美育能够减弱过度的物质欲望对学生价值观念的冲击，帮助大学生树立科学的世界观、人生观和价值观。美育能够引导大学生以正确的观点看世界，使大学生拥有积极的心态。美育能够在潜移默化中培养大学生的优秀品质和健康的人格，加强对大学生的审美教育，还能够陶冶大学生的情操，为大学生创造干净的成长环境。大学生在美育的影响下能够对社会产生正确的认知，以乐观向上的积极态度面对挫折，并且尽自己所能去帮助有需要的人，善待一切人和事。此外，美育还能够使大学生明辨美丑善恶，能够在外界诱惑面前坚守自己的意志不动摇，严格要求自己的行为，树立远大的理想，升华自己的思想境界。美育是德育教育的重要内容，美育能够促进大学生的德育发展。

美能启真，是以真为基础的，因此对美的追求可以赢得对真的把握。大学生会因美育而产生追求真理的热情，扩展知识的广度，转变老旧的思维方式，增进自身的想象力，形成良好的人生观、社会观、世界观，进而对社会、人生有更为全面、深入、具体、成熟的认识。就目前而言，大学生的思维方式和思想感情都比较灵活丰富，因此，学习积极性特别高，接受和实践能力强。这些都说明美育不仅能有效地促进智力的发展，还有利于培养大学生敏锐的直觉力、活跃的想象力和丰富的创造力。

美育为大学生创造了一个自由、和谐的学习环境，以感性教育的方式引导大学生去认识美、发现美，培养大学生的审美意识，可以提高大学生的审美水平，使大学生能够遵照自己内心的想法作出正确的价值选择。在美育模式下，大学生可以自主地挖掘生活中的美，形成正确的审美观念、高尚的思想品德和健康的心理素质，将审美上升到道德的层次。

三、有利于增强大学生的情感体验

美育教育能够帮助大学生体验各种不同的情感，并通过艺术作品来表达情感，从而提高大学生的情感表达能力，积累更多的知识和经验，为大学生以后的发展打下良好的基础。从情感的角度来看，大学生美育既符合西方美育理论的要求，也符合中国古代美育思想的核心观念。美育的基本性质和根本特征就是情感体验，

这种以审美为基本性质的情感体验具有超功利性，亦即“无用之用”。美育的情感体验特征表现为美育的过程性，就是把过程和目的相统一，在情感体验过程中使受教育者的情感得到丰富和提升，以怡情养性本身来“培根铸魂”。当前，美育教学改革的重点就是让“以活动为中心”成为美育教学的方法论，通过让大学生参加活动，增强情感体验，使大学生在适合其身心发展特点、具有浓厚审美氛围、趣味盎然的活动中，引发、延续和深化情感体验，促进他们身心的健康成长。

美能导出善，美与善是相通的，善是美的灵魂，美是善的光华。美育可以在塑造完美人格方面帮助大学生克服因过度物欲化造成的对社会价值观的偏离。同时，美育能促使大学生追求高尚人格、培养高尚情操，融美于心灵，在教师的感化、启发和引导下，增强大学生对美的理解与欣赏，使之与审美对象产生精神上和情感上的互动，不仅能使大学生的感官得到享受、精神得到满足，还能使大学生在思维上得到启发，进而荡涤灵魂，摒弃恶性的意识，自觉扬起追求高尚人格和远大理想的风帆，追求美好。美能怡情，美育可以培养人的积极情感，调节人的心绪，愉悦人的心情，美化人的心灵，保持人的心理平衡，增进人的身心健康，对大学生形成崇高的道德风尚起着引导和促进作用，提升大学生的生活品位。美育有助于大学生开展自我调适，保持心理平衡，增进身心健康。美育还有助于大学生培养高尚情操，珍惜美好事物，形成良好性格。人这个万物之灵的生命底蕴能从不同的角度折射出丰富多彩的美，而美育正是通过突出且强烈的美感直接冲击和改变着大学生原有的情感与情感倾向，使他们朝着良好的方向发展，进而在美感的共鸣中熏陶思想、陶冶情操，形成良好的品格。

四、有利于增强大学生的团队协作能力

美育教育在实施的过程中，往往需要团队合作，这就需要教师从整体上对大学生予以指导，培养大学生的合作和沟通能力，提高大学生的团队精神和协作能力。在团队建设过程中，教师可以组织大学生参与各种艺术项目，如舞蹈、音乐、戏剧、诗歌、话剧等。通过这些艺术项目的合作与创作，可以培养大学生的团队合作意识和创造力，提高他们在美育方面的能力。

大学生美育是指通过各种教育活动和学习经验，培养大学生的审美能力、创

造力和艺术修养的过程。而团队建设则是通过合作、沟通和协作，培养团队成员的团队合作能力和领导能力的过程。团队建设与践行大学生美育有着密切的联系，团队合作可以更好地促进大学生审美素养和艺术修养的提升。在团队活动中，大学生需要相互配合，协调各自的能力和才华，共同完成任务。这种合作与协作的过程可以锻炼大学生的艺术创造力、想象力和创新思维，提高他们在美育方面的表现力和创造力，增强其团队协作能力。第一，有利于培养团队合作意识。通过组织团队活动和项目，让大学生感受到团队合作的重要性，引导他们建立团队意识，学会相互合作和协调，培养他们的团队合作能力，为大学生以后的发展打下良好的基础。第二，有利于培养表达能力。在团队合作的过程中，教师要鼓励大学生发表自己的看法，提出新颖的想法和创新的方案，积极为团队建设贡献自己的力量。同时，教师也要鼓励他们勇于表达自己的观点和想法，培养他们的表达能力和自信心，让大学生能够获得良好的体验。

五、有利于帮助大学生的身心健康发展

美育可以帮助学生养成正确的审美观念和积极的审美情趣，培养大学生良好的道德品质、心理素质和创造性思维，推动大学生的全面进步。美育将大学生追求美好的天性作为教育重点，以感性的教学方式培养大学生积极的情感，从而使大学生拥有健康的人格。美育教育可以促进大学生的身心健康发展，通过参与艺术活动、欣赏艺术作品，降低压力，减轻负担，调节情绪，增强身体素质和心理素质，提高大学生的生活幸福感和成就感，使其不断参与到美育过程中，以更好的热情参与到各种活动中。目前而言，素质教育深入进行，已经成为当前高等教育改革的重心，加强对大学生的素质教育有利于培养大学生各方面的能力，实现大学生的全面发展，为社会培育出高素质的全能型人才。审美教育作为素质教育的重要组成部分，对高等教育的发展具有极大的促进意义。审美教育者要事先制订合理的教育计划，借助特定的审美意识，培养大学生的审美能力和审美观点。大学有很多不同的专业，大学生通常会根据自己的意愿报考相应的专业进行学习，所有专业的大学生在学习本专业的知识和技能的同时，都必须具备良好的文化基础和文化素养。虽然各个专业都有各自的偏重点，但是它们都必须将培养大学生

的健康心理素质、尊重大学生的个性发展作为重点，采取差异化的教学方法，促进大学生成长成才。在美育开展的过程中，学校要关注大学生的情感状态和心理素质，提升美育的效果。美育是高等教育的重要组成部分，并且与其他形式的教育相辅相成，共同实现全面育人的目标。美育教育者可以组织开展各项审美活动，对大学生进行艺术熏陶，使大学生在无形之中提高审美水平、丰富精神世界。

第四章　大学生审美现状

本章主要讲述大学生审美现状，共包含三部分内容，分别为大学生审美方式多样化、大学生审美情感丰富、大学生审美认知个性化。

第一节　大学生审美方式多样化

从目前来看，大学生具有较高的文化修养和文化素质。在高等教育背景下，大学生的世界观、人生观、价值观趋向成熟，但是仍具有很强的可塑性。受多种思想的影响，大学生的审美方式也日益多样化。大学生会结合自身实际情况，去感受、判断、欣赏和创造美，提升审美情趣。

一、直观审美

人们的直观审美是对美感的直接感觉。这种感觉很容易主导人们对某物的理解。直观性是审美经验的一种重要特征，其特点是不经过推理就直接把握对象的审美特征。在这种感觉中，人们虽然可以区分感觉物和感觉自身，但更注重对感觉物的感觉，而不是对感觉自身的感觉。人们关注审美的感觉主要是看它是痛苦的，还是欢乐的；是美丽的，还是丑陋的。对于大学生而言，审美具有直接性的特点。大学生对节奏感鲜明的事物或者东西会产生好感。作为新时代的大学生，他们不喜欢因循守旧和千篇一律，更喜欢标新立异，尤其在审美知觉的细腻性上，会比成年人和老年人的感知更加深切。对于一些新奇的事，大学生会感觉非常有趣，会产生明显的美感。由此可知，在现代社会中，那些强烈的精神刺激，那些浓烈的、炫目的、有力度的内容更容易直接引发大学生的好奇心，他们会将自己感兴趣的东西和内容直接表现出来。

二、多样审美

大学生的审美呈现出多样性的特征，这对大学生产生了十分重要的影响。第一，多元化的审美意识可以促进大学生的创造力和想象力。大学生有着无穷无尽的创造力和想象力，但只有在接触到更多不同的文化和审美经验后，大学生才能从中吸收更多的灵感和经验，形成独具特色的创意和想象力。因此，在大学生成长的过程中，教师需要将多种文化和艺术形式融入教学中，帮助大学生拓宽视野和增长见识。第二，多元化的审美体验也可以促进大学生的艺术修养和审美情趣。在当今社会中，艺术不仅是一种文化形式，更是一种生活方式。通过多元化的艺术形式和文化体验，大学生可以更好地领悟艺术的内涵和精髓，提升个人修养和审美情趣。例如，教师在音乐类课程中加入不同风格和流派的音乐，让大学生体验不同的音乐文化，可以激发大学生对音乐的兴趣和欣赏水平。第三，多元化的审美体验还可以促进大学生的交际能力。在多元化的文化环境中成长的大学生既会尊重异质文化，又会更好地适应和融入不同的文化环境。这些经验将大大提高大学生的交际能力，帮助他们在未来的职场和社会中更好地与人交往和互动。第四，可以丰富大学生的情感体验。在促进大学生多元化的审美体验上，教师需要采用多种教学方法和手段，充分利用现代化的教育工具和资源。例如，教师可以利用虚拟现实技术（VR）、人工智能技术（AR）等虚拟技术，通过现代景观、全景展示等方式，将大学生带入不同的文化和时空，让他们身临其境地感受不同的文化和艺术形式，丰富他们的审美体验；教师也需要注重引导大学生主动参与和体验审美活动，在发挥大学生主体性和创新性的同时，让他们更好地理解和领悟多元化的文化和审美价值，丰富他们的情感体验。

受经济全球化和文化多样化的影响，大学生的行为方式出现了外显性变化：一是人们的服饰审美观念已进入服饰审美的时尚性、中和性、情趣个性并存的时代，为大学生提供了更多的选择。二是大学生的饮食审美观念已由单一的中餐进入中餐、西餐、中西快餐和特色风味小吃，以及饮食内容、方式多元共存的时代。三是在旅游上，人们的旅游方式花样翻新，如“生态游”“研学游”“农家游”“怀旧游”“探险游”“特种兵游”等，追求美的方式日益多元。

总之，促进大学生多元化的审美体验是未来教育的重要任务之一。只有通过多种手段和方式，大学生才能积极地融入多元化的文化环境中，增强创造力和想象力，提升艺术修养和审美情趣，充分发挥交际和社交能力，在未来的社会和职场中取得更好的发展和成就。

三、从众审美

大学生正处在生理和心理成熟定型的过渡时期，精力旺盛，但情绪不够稳定，很容易受到周围环境的影响，在审美意识上存在从众的心理。

（一）流行文化的影响

文化是社会影响中最重要的因素之一，人有什么样的思维方式主要来自社会文化的熏陶。大学校园中充斥着各种流行文化，这些流行文化表现形式多样、内容丰富，一方面在一定程度上丰富了大学生的课余生活，有助于缓解大学生的心理压力；但另一方面也会影响大学生正常的生活和学习，甚至扭曲他们的人生观、价值观、审美观。

（二）同辈群体的影响

同辈群体是由一些年龄、兴趣、爱好、态度、价值观、社会地位等方面较为接近的人所组成的一种非正式初级群体。同辈群体的成员在很多方面都会认同和模仿同伴，包括言谈举止、兴趣爱好、消遣方式、发型、服饰、语言等。教师要对学生进行合理的引导，帮助他们树立正确的审美观，不能盲目攀比，以免对他们的发展造成不利的影响。

（三）网络新媒体的影响

随着网络技术的发展，网络新媒体对大学生的审美产生了显著的影响。大学生不再依赖单纯的课堂教学，有了更多的选择权，如利用新媒体学习他们感兴趣的内容。与此同时，在大数据技术的推动下，运营商利用大数据算法可以精确分析出大学生的审美需求，从而推送他们感兴趣的内容，满足他们的日常审美需求，如网络游戏、商业广告、卡通动漫、网络文学等。在现代社会，笔记本电脑、手机、平板电脑等大众传媒载体种类繁多，传播信息的速度快、容量大，为大学生提供了便利，大学生不用走出校园就能接收和搜集到海量的信息。媒体意见以强大的能量影响大学生的审美。例如，现在的直播网络营销模式、营销理念及宣传行为，都会影响大学生的审美观念。另外，网络新媒体也促进了不同国家文化之间的交流，文化形式日益丰富，形成了多样性的文化形态，呈现出多元化的审美趋势。

四、娱乐化审美

在网络技术的推动下，影视节目、真人秀节目、选秀节目等得到了快速发展，这些娱乐性节目的丰富视听信息充分调动了大学生的感官，更容易引起大学生的兴趣。大学生成为这些节目重要的受众群体。大学生通过欣赏娱乐节目，能够有效缓解生活和学习的压力，丰富缓解紧张情绪的空间，获得审美体验。娱乐化审美一方面可以为大学生营造轻松、愉悦的生活氛围，释放大学生的精神压力，满足他们多方面的审美需求；另一方面也会导致大学生审美能力衰退，失去理性的审美判断标准。高校要结合大学生娱乐化审美的现状，积极引导大学生树立正确的审美观念，树立健康合理的消费理念；要组织丰富多彩的校园文化活动，不断吸引和感染大学生，为他们提供丰富健康的精神食粮，不断提升大学生的审美素质和审美能力。

综上所述，大学生正处在人生的黄金时期，处在人生更上一层楼的关键时期。在这一时期，学习、交往、实践等集中且频繁，他们的能力会得到很好的锻炼，他们的性格、能力及一些习惯在这一时期都会基本定型。大学生要追求健康高尚的审美情趣，提高审美能力。

第二节　大学生审美情感丰富

大学生在认识美、欣赏美和创造美的过程中表现出了丰富的情感，认识美、欣赏美和创造美能够有效提升大学生的素质、启迪智慧、提高智力、健全人格、完善自我，帮助他们实现全面发展，为他们以后的发展打下良好的基础。情感丰富是大学生审美情感的基本特点。从目前来看，大学生审美情感丰富有其内在的原因。

一、大学生审美情感丰富的原因

大学生的审美认知会受到多方面因素的影响。高校美育教师在日常教学中，需要充分发挥相应的指导作用，培养大学生丰富的审美情感。

（一）大众审美对大学生的影响

人间百象对大学生来说有着无比强大的吸引力。从生理、心理发展的特点来看，处于青年中期的大学生的记忆力和理解力已达到了一个较好的结合点，很容易接受新鲜事物。早在先秦时期，荀子便提出了“美善相乐”的美学思想，将审美引向了道德领域。在当前社会经济迅速发展的背景下，大众审美出现了新的变化，更加注重直观和瞬间的享受，看重外观的刺激，强调视觉和听觉的感受，这也深刻地影响着大学生。

（二）多元文化向大学生提出了新的挑战

在现实世界中，美与丑往往混在一起，有时难以分辨。尤其在互联网技术迅速发展的背景下，千奇百怪的文化快餐和流行艺术在不知不觉中不断冲击着传统文化，这对大学生产生了明显的影响。尤其是一些不良思潮强调消费主义、享乐主义以及单纯的物质享受，容易让大学生对美育产生认知上的偏差。

二、大学生审美情感丰富的表现

审美心理在审美活动中具有重要作用。当代大学生处在生理机能接近成熟的阶段，有强烈的自我意识，对美的追求热烈而迫切，呈现出鲜明的个性特点，彰显了丰富的情感。

（一）丰富的审美情感与个性化的审美追求

近年来，审美心理学及神经美学兴起，使很多学者开始重视审美情感的积极作用，并且发现审美情感与亲社会行为有着密切联系。心理学家卢家楣教授指出，审美情感是大学生情感素质的重要组成部分。随着年龄的增长，大学生的审美情感较以往更加强烈且丰富，有一些在成年人看来微不足道、无关紧要的小事却能够使大学生激动不已。强烈的审美情感体验使大学生富于激情、充满朝气，也使他们的审美选择更加注重感情因素的作用。在审美过程中，他们的情感表现十分丰富，有时候激动、有时候平静，有时候内隐、有时候外露，有时候紧张、有时候轻松，有时候肯定、有时候否定等，体现了丰富性和多变性。大学生把对美的追求作为激励自己更好地热爱生活、热爱生命的动力。正因如此，大学生更重视个人独立的艺术品位和审美方式，做事注重突出自己的个性，不愿意随波逐流，常常别出心裁，追求与众不同。他们的审美追求表现出一种强烈的个体自我意识，一种对自我的发现和肯定的倾向。大学生通过审美活动中的追求自我、肯定自我、标榜自我、满足自我而得到满足的再现或排遣。

（二）敏锐的审美感知与表象化的审美追求

当代大学生渴求精神的富有和充实，他们的求知欲和成才意识强烈，勇于追求和探索未来。当代大学生对外部刺激能够作出快速、敏捷的反应。在日常生活中，面对混沌杂乱的情况，大学生凭着敏锐的感知，能够及时准确地了解周遭事物。他们通常不满足于只从课堂上获得有限的知识，而是对外面的世界充满渴望，渴望学到更多的本领，因而对各种社会文化活动，表现出了极大的参与热情，希望在参加课余活动的过程中，获得广泛的审美感知。

（三）审美视野扩大

随着经济的发展和社会的进步，大学生的审美视野不断扩大，他们对待各种事物更加讲求实际，力图从审美的角度对事物的内容和形式进行感知，得出自己的结论，而不是简单地作出好坏的评价。

第三节　大学生审美认知个性化

在当代大学生看来，美是一种个性化风格和主体意识的张扬，即追求“个性”，彰显自己的与众不同。在他们看来，拥有自己的风格，就是美，是一种个性美。在追求个人风格与个性的时候，体现出来的就是“求新”“求异”，追求的是自我的审美感觉。大学生的好奇心强、思维活跃、反应敏捷、情绪波动大、感情细腻、行为多变、标新立异，喜欢亲身体验自己所追求的事物。在追求流行时，他们会从流行元素中找到认为适合自己风格与个性的部分，再融入自己的特色、感觉、喜好及时尚创意的风格元素，创造出个性。

如今流行文化从社会的边缘走向社会的中心，融入社会生活的各个方面和各个领域，如饮食、语言、娱乐等，无所不包，这种影响是全方位的。大学生由于心理与生理的固有特征，对流行文化有着本能的敏感，这就决定了大学生对流行文化的接受有着独特的“天赋”。流行文化作为共同的社会符号，有助于提高大学生的社会审美程度。流行文化常常快捷地反映社会生活和社会思想变革，有助于大学生掌握现代科学文化知识，有利于他们顺利参与社会生活。流行文化以其独有的方式推动社会发展的进程、社会生活方式的变化，有利于大学生在现实生活中实现角色的转变。

大学时期是人生旅途中的一个特殊时期，是个体人生观、价值观逐渐发展完善的重要阶段。大学生们强烈追求个性的独立，希望自己的追求、所爱，受人重视，得到社会的承认，尤其在文化素养方面，大学生通常会随着社会、学校等多种场所的文化传播，采用多种方式来不断地充实自己，满足自己的需要。

审美是人类主体对世界客体的一种特殊体验，是主体与客体的沟通，也是一种有意识的一体化。人的审美是一种精神需要，也是对美的事物和现象的期望与追求。一个人如果没有追求美的欲望，也就无所谓感受美、欣赏美、理解美和评价美了。新时代的大学生可以根据自己的审美观点，对自然界和社会生活中的各种现象和事物以及艺术作品的审美价值进行直接的、富有情感的审美评价。

第五章　大学生美育目标

社会和科学的不断进步推动了传统教育学科的发展和完善，特别是美学、教育学、心理学理论的发展和完善。审美教育活动日益丰富——美育在人们的整个精神活动中的作用逐渐被科学的理论所证实，对人的发展产生了越来越明显的影响。在互联网传播的加持下，国内外流行的、时尚的事物或观念成为当前大学生追求的目标之一。基于此，有的教育家提出了将美育贯穿整个教育，不断推动传统德育、智育、体育课程升级，加强对大学生的伦理美育、智力美育、人体美育，提升大学生认识美、理解美、欣赏美、创造美的能力，增强大学生的主动审美意识，实现美育的目标。

本章共包含四部分内容，分别为培养大学生认识美的能力、培养大学生理解美的能力、培养大学生欣赏美的能力、培养大学生创造美的能力。

第一节 培养大学生认识美的能力

美育课程中可以融入艺术作品案例，让学生能够真正了解作品内在的精神内涵，提升学生的审美能力。在实际的教学过程中，教师要起到引导作用，让学生认识艺术作品，感受文化氛围，积极参与发现美和认识美的过程，为以后发现美、理解美、创造美打下良好的基础。

在现实生活中，美是无处不在的。美是这个社会不可缺少的“滋味”，拥有它，一切将会变得更丰富、更有色彩。美和爱情一样，是人类永恒的话题和孜孜不倦的追求，是开放的、流动的，是不断更新和完善的。美的概念是抽象的，但是，美的内容却是具体的，是可以把握的。生活中存在美，如人们之间的相互关心和相互尊重、理解和宽恕、正义和公道……自然界也存在美，如湛蓝的天空、涓涓的溪流、浩瀚的海洋、连绵的山脉、深邃的岩洞、壮观的瀑布……都能给人美的享受。此外，还有一种美是艺术家创造的美——艺术美。相关的例子很多，这里就不一一列举了。这些都可以让人们对美产生向往，这些都需要人们具有一定的审美能力。每一个人对美的看法都是不同的，有的东西有人看起来是完美的，而有的人看起来却觉得是丑陋的。

美是人类社会实践的产物，随着人类社会的出现而产生，随着人类社会的发展而发展。美广泛存在于客观世界，存在于人们的日常生活，存在于人的思维意识之中。在我国古代，人们很早就开始探索美的问题了。《诗经》中：“关关雎鸠，在河之洲。窈窕淑女，君子好逑”，将自然美、社会美、艺术美集于一身，它们高度和谐统一，给人以一种美的享受。新时代的大学生要具备一定的审美能力和审美意识，从而在生活和学习中发现美、认识美、追求美、创造美。

在古代西方，赫拉克利特、毕达哥拉斯、德谟克利特、苏格拉底等先哲对美的本质进行了探讨。赫拉克利特强调了美的相对性和流变性；毕达哥拉斯学派认为，事物由于数而显得美；德谟克利特十分重视艺术起源与生活实践之关系；苏格拉底认为美不在于外部形式的美观，而在于内在的道德和精神美。随着社会的发展，东西方对美学的研究也日渐成熟。高尔基曾说过：“照天性来说，人都是艺术家，他无论在什么地方，总是希望把美带到他的生活中去。”[①] 美是一种存在，

① 张红峻，江远，郭静，等．大学生修养教程 [M]. 北京：兵器工业出版社，1994：164.

是一种客观的、自然的、社会的存在，是不以人的意志为转移的；美是一种意识，是一种个人的意识、社会的意识，又具有主观性的特征；美是一种情趣，也是一种感受。这就需要人们具备良好的审美能力，不断认识和发现现实生活中的美。在现代，美学已成为一门完整的科学，审美理论中的美的产生和发展，美学研究的对象、范围，美学研究的任务与方法，审美对象、审美感受、审美实践等，都有专人进行研究。在美育过程中，教师要加强对学生美育的专门指导，提升美育的效果。

“美”涉及美的规律、形式及审美范畴等，但是，使笔者认识最深刻的内容就是关于什么是美——美并不等于美的东西。柏拉图要人们透过美的现象去探讨美的本质，去寻找美的规律。通过以上论述可以看出，美学所研究的是美的本质，而不是林林总总的美的现象、美的事物。通过美育，教师要引导学生充分认识美的本质。第一，任何美的东西都只能说明它本身的美，而不能说明其他东西的美。例如，漂亮小姐的美就只能说明漂亮小姐形貌的美，而不能说漂亮小姐其他方面的美，如漂亮的风景的美、漂亮的衣服的美。在大千世界中，美的东西千千万万，但都各美其美，而不能用以相互说明，更不能相互等同。美是从各种各样美的东西当中总结出来的普遍规律，是从现象上升到本质，但它本身并不就是美的东西。第二，美的东西都是相对的，随着审美关系的变化而变化。当美的东西与人处在某种关系中，它是美的；当它处在另一种关系中，它就可能不美或者变成了另外一种美。例如西湖，当湖光潋滟或山雨蒙蒙的时候，条件不同，它就具有不同的美，苏轼曾经盛赞西湖：“欲把西湖比西子，淡妆浓抹总相宜。”①

在美育过程中，高校要结合大学生的身心特点，制定明确的美育目标，重视大学生审美意识的提升，积极弘扬社会主旋律和社会正能量，要不断培养大学生良好的审美情趣，引导大学生树立积极向上的审美价值理想，让大学生热爱学习、热爱生活、热爱美，形成健康的生活态度，追求高水平的生活。教师要重视美育的综合性和融合性，全方位地提升大学生的审美意识。为满足新时代发展的要求，美育课程构建要坚持以学生为本的原则，以提升学生的审美素养和人文素养为主要目标，把审美课程与专业课程结合起来，不断丰富美育实践，健全学生的人格，提升学生的人格修养，不断培养高素质的人才。教师要根据教学大纲的要求，通

① 杨建平. 诗词意象的文化内涵解读 [M]. 北京：团结出版社，2015：49.

过设置明确的知识目标，提升学生认识美的能力，提升学生对艺术美、自然美以及社会美的审美能力；要能够掌握基本的艺术鉴赏知识和方法，通过学习艺术语言，体会不同的艺术意境之美；要充分认识内在美和外在美之间的关系，培养学生积极的人文精神、学习精神；要指导学生充分认识现代互联网科技与审美能力提升的关系，在运用互联网的过程中自觉提升审美认知。

在日常美育中，教师要指导学生正确认识美，从生活中的各种事物开始，如花草、树木、动物、人物、物品等。高校教师要引导大学生从处理这些细节入手，准确地描述出自己所感受到的美。在这个过程中，教师要鼓励大学生自由思考和表达，重视培养大学生的艺术气质。教师要从大学生的实际出发，为大学生不断融入喜闻乐见的美育资源，因为大学生需要有丰富的感官体验，只有这样才能更好地去感受美。教师也需要有强烈的艺术气质，这样才能更好地引导大学生，提升他们认识美和发现美的能力，共同探索美学的奥妙，让生活和学习更加丰富多彩。

第二节　培养大学生理解美的能力

美的理解是指人们通过思考和感悟形成对美的深刻认识和理解。在美育中，培养学生的理解能力同样非常重要。为了达到这个目的，教师可以引导学生阅读文学作品、欣赏绘画作品、聆听音乐作品等，让他们通过思考和感悟，深入理解美的内涵。教师还可以通过讲解和讨论的方式，让学生更好地理解艺术作品所表达的美的含义。美的感知是指人们通过感官形成的对美的初步认识，以及对美的感受和体验。培养学生对美的感知能力是非常重要的。为了达到这个目的，教师可以带领学生参观博物馆、欣赏音乐会、观看电影等，让学生接触到更多的艺术作品，增强他们对美的感知能力。此外，教师还可以引导学生观察大自然，让他们领略自然的美。在审美教育中，将对美的感知和理解结合起来，才能真正达到提高学生审美素养的目的。因此，教师应该根据学生的实际情况，制订出科学合理的教学计划，通过多种方式引导学生去感知和理解美，从而培养他们的审美能力。

一、培养大学生理解美的能力的重要性

美是一种优雅而又神圣的东西，拥有理解美的能力可以让大学生的心灵得以释放，让大学生的人生更加丰富。理解美的能力不仅对大学生的心灵有帮助，也能帮助大学生更好地学习和体会知识，并且提高情商。

对于大学生而言，培养理解美的能力至关重要，只有懂得如何理解美，大学生才能更好地体验生活，更加自信地面对未来。

二、培养大学生理解美的能力的内容

（一）审美理解是对美的感知能力

大学生在欣赏美的过程中，需要通过感官去感知美的存在，这是审美理解的基础。审美感觉就是审美主体在审美过程中，调动感觉器官去观察事物，这直接影响着审美主体的情感体验。审美感觉的形成是审美知觉形成和发展的前提，此时的主体审美活动对审美对象的实践不仅限于生理感官的感受性，并且还通过审美理性与客体的实践交互而充分对审美对象的各个审美属性进行整体性思辨，而此类整体性思辨不仅表现在对审美客体具体的外在属性上的把握，而更重要的是透过审美理性投射审美客体的外在属性以把握审美客体的“意”，即实现对客体内在意蕴的判断力把握。现代科学表明，人类大脑中众多的表象记忆作为原材料构成人的审美想象，二者之间呈现出正相关的关系，随着表象记忆的具体化和丰富化，人的审美想象也就会更加生动与翔实。所以，教师在开展美育过程中，重要步骤就是丰富大学生审美想象的原材料，即增加、丰富大学生表象记忆中的储藏。美育可以通过“意远”的“构境”，在情绪上获得大学生的情感共鸣，可以在进行文本感知的过程中，形成审美想象与审美经验的频繁互动，将表象记忆中的材料深度加工，与审美对象在实践上完成主客架构；就能够在教学过程中满足学生的情绪需求和精神需要，实现大学生表达内心、丰富内心的愿望，培养大学生良好的审美想象力。

（二）审美理解是对美的体验能力

在感知美的基础上，大学生需要通过内心的体验去感受美的内涵，这是审美

理解的核心。大学生对美的体验受到个人的心理素质、情感状态、价值观念等多种因素的影响，因此，每个人对美的体验和感受都是个性化的。美感即对美的体验，是按照个人所掌握和接受的美的标准对客观事物进行评价时所产生的美的情感体验。大学生的美感丰富多彩，大学生对美有强烈的需求，大学正是有可能深刻体验到各种意义的美的时期，是发现世界美的重要时期。

（三）审美理解是对美的分析能力

在体验美的过程中，大学生需要通过思维去分析和解读美的意义，这是审美理解的关键。大学生对美的分析和解读受到个人的学识水平、思维方式、审美观念等多种因素的影响，因此，每个人对美的分析和解读都是独特的，教师要进行针对性的指导。从审美趣味来看，大学生有强烈的好奇心，奇特、多变的东西能引起他们的关注和兴趣。随着认知能力的提升，大学生可以通过自己的思维去分析、综合、加工各种信息，对美进行分析，获得自己的审美理解。

（四）审美理解是对美的评价能力

审美理解需要经历审美认识的过程。审美认识过程是指对审美对象的特点和联系的认知活动，直接影响着大学生对美的评价能力。教师在进行审美理解教学的过程中，要重视大学生对美的评价能力的提升。在分析美的过程中，大学生需要通过价值判断去评价美的价值，这也是审美理解的重要目的。大学生对美的评价受到个人的道德观念、审美趣味、社会地位等多种因素的影响，因此，每个人对美的评价都是多元化的。大学生在各类审美活动中，比较喜欢求知创造、愉悦身心、挑战竞争、陶冶情趣等审美活动方式，还能从感性层次升华到理性层次，从内容上喜欢反映社会、启迪人生，容易使自己的感情投入其中的审美活动，以获得更加多样的情感体验。大学生整体的审美倾向包括：把美感更多地与社会学、心理学、人类学等学科结合的开放性倾向，力图摆脱被动地位，更愿意在审美欣赏过程中进行审美二度创作活动，提升创新能力；用辩证观点来分析艺术作品的辩证性审美倾向，提升美育的效果。大学生的人生观、价值观正处在形成与稳固时期，也是最为迫切、最为认真地关心人生态度、生活方式、生存价值等一系列问题的时期，人应该怎样去生活，什么样的生活才是自己所期待的，人生的价值、意义是什么，都是大学生追寻的问题。大学生的审美是由一系列复杂的心理活动组成的，既有主体的心理过程参与，也有主体的个性因素介入。伴随这种评价的情感体验是审美欲望（比如理性、美感），即对不在眼前的审美对象的一种向往、回味和怀恋。这种情感的强度与先前观照时的情感强度成正比，而且只要观赏者能记住这种对象的美和自己在观赏中的愉快，这种欲望便会一直保留下来。在通常情况下，这种审美欲望能成为大学生不断地追求美和创造美的强大动力。大学生的审美活动不仅能给自己以美的享受，陶冶自己的情操，净化自己的心灵，激发自己的审美欲望，还能提高自己的审美鉴赏能力和创造美、表现美的能力。

审美能力的培养对大学生未来的发展有十分重要的影响。在审美教育过程中，教师要重视对大学生审美能力的培养，按照既定的培养目标，不断拓宽审美路径，使大学生掌握基本的审美技巧，从而感受不同形式的美。第一，坚持循序渐进的理念，由表及里，由浅入深，指导大学生做好艺术品的鉴赏，提升大学生的鉴赏能力。第二，通过组织多样性的审美艺术实践活动，让大学生能够充分认识到不同形式美的特点，增强大学生的情感体验。第三，组织大学生学习时代楷模和先进模范，培养大学生的奉献精神、劳动精神及工匠精神，为大学生以后的职业生涯发展打下良好的基础。第四，在构建美育课程中，要融入社会主义核心价值观，规范大学生的行为准则，使大学生养成良好的行为习惯，提升大学生的创新能力。基于这点，教师要重视对大学生审美能力的培养，培养大学生良好的审美感知力，加强大学生的审美记忆力，丰富大学生的审美想象力，提升大学生的审美理解力和审美评价力，并把这些能力充分运用到日常美育活动中，增强大学生对审美的情感体验。由于美育内容丰富，涉及面非常广泛，需要教师结合学生的实际情况，设计不同的美育目标，提升美育的有效性，对大学生进行针对性的指导，丰富大学生的情感体验。

创造力与审美能力的提升能够让大学生感知到更多生活中细腻的美好，对于美好的敏锐察觉会影响大学生成年之后的心境。越能轻易发现身边美好的大学生，越能够被细小的事物感动，也越能够明白生活的意义和美好之处，真正地感悟和体验生活。越美好的事物越需要大学生具备敏锐的审美能力，敏锐的审美能力带给大学生的不仅是生活中的感动，也有对生活的希望与向往，能陶冶大学生的情操，也能让大学生在繁忙的生活和学习中找到心灵的归属与寄托。

第三节　培养大学生欣赏美的能力

一、大学生欣赏美的能力

在进行美育教学的过程中，教师要根据实际情况，培养大学生欣赏美和鉴赏美的能力。为了满足实际教学的基本要求，教师可以选择不同类型的欣赏方式，提升大学生的欣赏能力。美育教师要结合大学生的实际情况，予以不同方式的指导，提升大学生的切身体验。大学生欣赏美的能力的培养主要包括以下几个方面：第一，进行感悟类欣赏。在欣赏艺术作品时，要使大学生融入自己的感情，提升大学生的感悟能力。第二，进行形式类欣赏。教师要从视觉的角度对艺术作品进行欣赏，给大学生不同的体验，满足大学生的欣赏需求。第三，进行社会类欣赏。结合实际的艺术作品，教师指导大学生对作品的创作内容、创作背景及创作意义进行深入的分析和研究，提高大学生对艺术作品的认知能力，使大学生了解艺术作品的表现手法，积累欣赏的经验。第四，采用对比欣赏的方法。通过古今对比、中外对比、横向对比、纵向对比等方法，对艺术作品的特点进行分析，研究不同的作品，有效提升大学生的欣赏能力。因此，在实际教学过程中，教师要根据既定的教学目标，结合不同的艺术作品，采取不同的美育方法，提升教学的针对性和有效性。

美育欣赏课程非常注重对大学生审美能力和创造力的培养，目的是提高大学生的艺术水平和文化内涵，提高大学生在社会中的竞争力。开设美育欣赏课程能够提高大学生的艺术鉴赏能力和艺术审美能力，从而净化思想、完善品格、陶冶情操和促进身心健康，提高大学生的艺术修养和综合素质，让大学生的精神境界得到升华、自身得到美化。

二、大学生美育欣赏的重要作用

（一）美育欣赏有助于素质教育的开展

素质教育不仅包括专业知识和综合技能的培养，更重要的是培养大学生在思想道德、个性、身心健康等方面的综合素质。素质教育有助于大学生塑造高尚的道德品质，帮助大学生确立正确的世界观及价值观。研究发现，美育欣赏能力在大学生综合素质培养方面都有着重要作用。有的大学生在上大学之前很少接触多样的艺术门类和艺术活动，因此艺术素养不高。美育欣赏课程作为高校培养高素质、高技能人才的重要途径，非常注重对大学生审美情趣的培养，让大学生在丰富多彩的活动中发挥一技之长，在陶冶情操的同时，提高大学生的个人修养和综合素质，为完成职业教育的人才培养目标奠定坚实的基础。

（二）美育欣赏能够开阔大学生的视野

美育欣赏可以让大学生在课堂上开阔眼界，拓宽思维，提高学习兴趣和学习热情，扩大知识领域，也极大地丰富了大学生的业余生活，提高了大学生的精神境界，让大学生的精神生活更加充实。美育欣赏就像将一粒美的种子种植于大学生的心田中，这粒种子在大学生的心中生长、开花、结果，丰富着大学生的精神生活。美育欣赏课最直接的作用就是让大学生以艺术的眼光和态度去看待和欣赏周围的事物，进而去发现美、欣赏美及不断地追求美。

（三）美育欣赏有助于大学生身心健康发展

研究发现，美育欣赏能够使人精神愉悦，能够净化心灵、增进健康。例如，优美的音乐旋律能够刺激人的神经系统，让人心情舒畅，解除疲劳。再如，美好的画面能够让人视觉愉悦，放松心情。在多种压力的影响下，有的大学生的学习负担较重，身体和心理承受的压力较大，长期处于精神紧绷的状态，这些情况极易引起大学生情绪的波动，导致大学生身心不平衡。因此，高校开展美育欣赏课，能让大学生在紧张的学习生活中得到精神的放松，通过欣赏、鉴赏优秀的艺术作品，培养大学生的艺术兴趣，让大学生在欣赏的过程中获得健康的审美意识，进而让大学生的身心健康发展。

（四）美育欣赏有助于情感教育

18 世纪 50 年代，亚历山大・戈特利布・鲍姆嘉通建立“美学”学科体系，认为“美学是以美的方式去思维的艺术”[①]。他在《美学》中，把美学分成了“理论美学”和“实践美学”。紧接着，席勒在此基础上提出了美育概念，认为审美教育是“情感教育”，明确了美育的目的和价值，提出了美育的任务，从哲学的

---

① 黄伟宗. 文艺辩证学 [M]. 广州：中山大学出版社，2020：258.

角度分析审美教育的形式和目的，把审美活动与审美教育目的有机地结合起来，不断彰显人性价值，追求完满人性，拓展人身上“纯粹理想人的成分”，这对后世的美育教育产生了极为重要的影响。人在面对美好的事物时会产生愉悦感和爱慕感，这种对待客观事物的态度即为情感。在现实生活中，情感在人的实际行动中也起着重要的推动作用。美育欣赏有助于培养人的自尊、自爱、自信、自立、自强等方面的意识，因此，美育欣赏已日益融入高校的人才培养目标和教育体系中。高校的美育欣赏课堂也会采取多种形式的教育方式。例如，在美育欣赏课中，教师为大学生播放爱国主义歌曲能够让大学生精神振奋。不同主题的歌曲会对大学生产生不同的情感影响。当《义勇军进行曲》响起的时候，大学生会在庄严的节奏中产生重任在肩的责任感和使命感，《黄河大合唱》等爱国歌曲会让大学生产生强烈的民族自豪感，《歌唱祖国》等歌曲会让大学生对祖国山河产生深厚的使命感。因此，艺术作品的展现和欣赏能够让大学生在真、善、美方面得到启迪，唤起大学生对健康、高尚、向上精神的追求。由此可见，美育欣赏在情感方面的教育作用是其他形式难以企及的。

（五）美育欣赏有助于审美力和创造力的提高

在美育欣赏课中，艺术活动能够提升大学生的学习兴趣，增强大学生的参与性，从而让大学生在艺术创造中得到审美力和创造力的提升。例如，很多高校开展音乐欣赏和美术鉴赏等教学活动，在寓教于乐、寓教于美的环境下借助音乐、美术形象激发大学生的审美意识和创新思维。优秀的艺术作品能够打动大学生的情感，艺术的感染力在轻松的氛围下引发了大学生的审美力和学习兴趣，让大学生在精神方面获得享受和满足。还有的大学经常开展艺术节、艺术展等多样化活动，鼓励大学生积极参与。大学生在参与的过程中，艺术创造力和表现力得以提升，实现了角色上的转变，由课堂上的欣赏者变为生活中的创作者，这有助于培养大学生的创造力和创作热情。美的艺术作品能够打动人心，有益的教育能够让人受益终身。高校教育作为培养高素质、高技能人才的重要教育体系，让大学生在具备专业技能的同时具备良好的自身修养和艺术素养，这已经成为高校人才培养体系的重中之重。让大学生从艺术的角度去欣赏美和感受美，进而将艺术的审美力和创造力运用到实际工作中，也成为大学开展美育欣赏课的意义所在。因此，将美育欣赏运用到高校教育培养体系中，对于培养大学生的审美素养、塑造健全的人格、树立正确的观念、建立高雅的艺术品位具有重要的作用及意义。

综上所述，教师要借助美育这一契机，通过让学生欣赏高水平的艺术作品，激发学生对艺术的兴趣，培养学生的创造力。并且，教师在引导学生进行美育过程中，要融入自己的想象力，真正体会作者想要表达的意图。比如，在教学过程中，教师要充分融入当时的社会背景，了解作者的创作动机以及对后世的影响，不断拓宽大学生对美的感受范围，使大学生充分领会作品的艺术魅力，提升大学生的欣赏能力。因此，教师需要根据大学生的实际认知水平和理解能力，改变以往单一的欣赏教学模式，认真总结以往的教学经验，通过引导大学生欣赏名家作品，结合具体的教学案例，提升学生的艺术欣赏能力和分析判断能力，深入分析作品表达的思想感情，让大学生树立正确的审美观念，提升大学生的综合素质。

第四节　培养大学生创造美的能力

在进行美育教学的过程中，教师在丰富学生专业知识的同时，还要重视学生实践能力和创造美的能力的提升，积极鼓励他们不断创作更加优秀的作品。在大学生的创作实践中，大学生应该能够通过自己的创造力，在艺术创作、设计创意、文学写作等方面，表现出自己对美的理解。

一、激发大学生参与美育的兴趣

为了培养大学生创造美的能力，美育教师要重视激发大学生参与美育的兴趣，让大学生真正地参与美育过程，提升美育的效果。第一，教师要转变大学生对美育的认识理念，营造良好的美育氛围，指导大学生充分认识美育的重要性，结合不同专业大学生的实际情况，按照大学生身心发展的规律，积极开展美育活动，帮助大学生做好美育课程的选择，真正培养大学生的创新能力，为后续的美育工作打下良好的基础。第二，教师要组织大学生喜闻乐见的美育活动，如游戏文化节、美术文化节、音乐文化节、电玩文化节等，真正从当前大学生的审美需求出发，培养大学生参与美育的兴趣，提升美育的效果，真正发挥美育在高校人才培养中的重要作用。第三，高校要积极拓展美育途径，重点培养大学生的审美能力和审美素质，不断采用多种教学方法，为大学生参与美育创造良好的条件，并提供全方位的指导，保障美育各项工作能够顺利进行。

二、要重视大学生实际创新能力的培养

随着社会经济的发展，企业对高校人才的要求越来越多样化。为了让大学生适应当前社会发展的新要求，高校在开展美育的过程中，要把美育课堂教学与美育实践充分结合起来，充分激发大学生参与美育的积极性，明确大学生的主体地位，加强师生之间的互动。例如，美育教师可以让教学走出课堂，指导大学生观察和发现身边美的事物，发掘符合美育要求的资源，然后进行分类汇总，形成新的美育教学内容。在课堂上，美育教师可以采用小组讨论的方式，激发每一个大学生参与的积极性，让全部的大学生都能够参与进来，培养他们的创新思维，形成良好的团队精神，不断拓宽大学生美育创新能力培养的途径。

三、建立完善的美育学习激励机制

为了真正培养大学生的创新能力，美育教师要采取有效的激励措施，不断提升大学生的自我认知能力，让大学生对美育学习有更加合理的认识和定位。第一，针对不同类型的大学生，教师可以布置不同的美育任务，然后对他们的美育成果进行科学合理的评价，提升大学生参与美育的成就感和喜悦感，激发他们参与的积极性，真正培养他们的自信心。第二，教师可以采用物质和精神激励的方式对大学生参与美育进行激励，重点培养他们对美育学习的信心，积极排除一切干扰因素，结合既定的美育学习任务，发表看法，提出创新思路。第三，美育教师可以通过正强化的方式，培养不同大学生的艺术个性，重视他们的想象力，鼓励大学生敢于发表自己的看法，对大学生创新能力的培养提供全方位的指导，增强大学生参与美育的情感体验。

高校要重视培养实践型人才，要充分发挥美育教学的指导作用，为大学生提供更多的参与美育的机会，可以让大学生欣赏高水平的艺术作品，为大学生的实际创作提供重要的指导，帮助大学生积累经验，使其不断创作出更多优秀的作品，有效提升大学生的艺术修养和实践能力，为大学生的后续学习和研究打下良好的基础，满足当前教学改革发展的需求，从而培养更多高素质的人才。

第六章　大学美育评价体系

本章主要讲述了大学美育评价体系方面的内容，共包含四节，分别为：明确美育评价标准、采用融合评价方式、重视美育过程评价、建立美育评价平台。

第一节　明确美育评价标准

教育评价是教育活动的重要环节，是对教育、教学活动及其相关要素的价值判断。教育评价的目的是进一步促进教育、教学质量的提高，使教师的工作产生更大的价值。根据现有的评价定义，教育评价属于教育价值的判断活动，其目的是使教育价值得到增长，这种定义明确了教育评价的目标导向特征。在进行大学生美育的过程中，教师应贯彻落实习近平总书记关于教育的重要论述和全国教育大会精神，构建德智体美劳全面发展的教育体系，进一步强化学校美育育人功能。可以说，强化学校美育育人功能，以美育人、以美化人、以美培元，这是国家制定美育评价政策的出发点和初衷。

一、确定立德树人的理念

高校要建立完善的美育评价体系，坚持立德树人的理念，全面贯彻党的路线方针政策，不断培养高素质的社会主义接班人。美育评价体系作为高校美育工作的组成部分，“立德树人”既是检验其科学性、全面性、客观性的根本标准，又是明确其改进方向的指导理念。新时代高校美育评价应将立德树人理念贯穿评价过程的始终，以立德树人理念为指引，确保高校美育将立德树人作为自身工作的根本任务。高校要结合时代发展的要求，必须将立德树人作为美育评价体系的根本标准，这是培养具有崇高审美追求与人格修养的社会主义建设者和接班人的根本遵循。教师要根据自身职责从不同角度对学生的审美与人文素养进行评价。美育教师既要对学生在课上掌握的艺术知识与技能进行评价，又要对学生课下的审美实践表现进行评价。美育教师是落实美育工作的主力军，还需对美育教学资源进行评价，如本校美育教学资源是否充足等。

新时代高校美育评价体系要以全方位育人的理念为指导，注重对大学生美育实践及人格修养的评价。对大学生进行全方位的评价，既包括对大学生参加艺术审美实践和练习艺术专项特长的评价，又包括对大学生道德品质与人格修养的评价。对参与美育的大学生进行科学合理的评价，能够为后续美育工作的开展提供必要的帮助和借鉴。教师要充分利用校内外美育资源，指导大学生参与美育实践，为大学生提供全方位的评价，提升高校美育质量。高校要组织大学生每年定期参加艺术审美体验的实践，可以由教师带队组成大学生艺术审美体验团队，参观文艺团、博物馆等场所，让大学生实际参与这些场所的工作。大学生在参加美育实践后，要完成美育实践体验报告。带队教师要根据大学生在美育实践体验过程中的行为表现与体验报告的水平对大学生的美育实践进行评价。高校要充分挖掘本地特色美育资源，将特色美育资源融入高校日常的美育工作，培养大学生掌握特色的文化艺术，提升大学生的审美素养。

二、美育评价主体的多元化与美育评价内容的多样性

新时代高校美育评价体系的构建要重视美育评价主体的多元化与美育评价内容的多样性。校内外相结合有助于丰富高校美育评价的内容与评价主体，为构建新时代高校美育评价体系提供综合支撑。在进行评价的过程中，高校要坚持以学生为中心，坚持因材施教的原则，以学校、教育部门及地方政府为评价主体，采用多种评价方式进行美育评价。学校、教育行政部门和地方政府在进行学校美育评价时，不能让功利追求绑架学生，不能将自己的压力转嫁到学生身上。

在进行评价的过程中，教师可以采用以下评价标准，为后续评价提供重要支撑：第一，教师要尽可能地将评价与美育实践活动结合起来，测评学生在真实审美生活情境中应用美育知识、技能并解决问题的能力，既要做好美育教学的评价，又要做好美育实践活动的评价，提升学生的实践创新能力。第二，教师要坚持因材施教的原则，运用现代化技术手段创新评价形式和方法，对每一个学生进行评价，找到他们的不足，对学生的审美活动进行针对性的指导，提升美育效果。第三，教师在进行美育的过程中，要充分考虑和尊重学生在审美上的个体差异与个性特点，确保每个学生都有展现审美才能和学习成果的机会，让每一个学生都能有收获。我们要把评价目标定位在激发学生的创造性、满足学生的表现欲、提升学生的成就感上，把美育课程考试打造成学生展现自我风采的舞台，满足学生的多种需求，为美育推广打下良好的基础。

三、要符合现代美育规律

美育的最大特点是实践性和体验性，对美育的评价尤其是对学生审美素养的评价，需要按照现代美育的规律，对学生进行客观、合理的评价，但是，传统、

单一的评价方式很难发挥评价的作用。为了给学生最为客观合理的评价，教师要遵循美育规律，真正发挥美育的指导作用。从目前来看，虽然美育评价体系包含多个方面，但多以以大学生为评价对象的艺术素质测评、美育课程考试为主。美育教师需要把握好“为什么考、考什么、怎么考”这类根本问题，让美育评价更加符合现代美育的规律。至于为什么考？就是要通过考试评价促进学生真正重视美育工作，切实提高学生的审美和人文素养，实现既定的美育目标。至于考什么？要从两个方面去理解：一是考的内容是什么，简单说就是教什么、学什么就考什么，而所教所学的内容必须是课程标准所规定的、在学校所教所学的内容；二是考学生什么，简单说就是考学生的能力素养，包括基础知识与基本技能的掌握、艺术审美体验与应用的能力、艺术专项特长等，目的是不断挖掘学生的潜力。至于怎么考？既包括考试方式，也包括计分办法和所占分值等，在这方面原则上不做统一规定，各高校要根据自身情况进行探索创新，但有两点必须坚持：一是在考试方式上要遵循美育自身的教育与评价规律，杜绝应试教育倾向以确保不增加学生的非必要负担；二是在计分办法上要考虑过程性评价与终结性考试相结合，要真正改变一次考试定分数的方式，在所占分值上要根据各地实际情况科学、慎重论证，以稳步推进美育课程考试，对学生进行全面、客观的考核。

四、采用综合化美育评价标准

美育是提升学生感性能力和情感境界的教育，是在学生内心深处植入优秀人文基因的教育，是发展学生想象力、创造力的教育，这些教育目标都涉及学生的内心情感、想象和观念意识，并不是标准化、客观化的评价可以覆盖的。艺术学习的进步涉及对学生艺术兴趣的培养，对艺术微妙、幽深的表达和领悟，重视学生个性的表现和理解，这些也是标准化、客观化的评价所无法完全涉及的。因此，美育的学习评价应该遵循美育特点、指向美育目标，坚持审美与人文、标准化与个性化、客观化与主观化、结果性和过程性相结合的原则，为以后的评价提供重要的依据。

美育课程主要是通过艺术学习培养学生的审美和人文素养。审美素养主要包括掌握艺术知识、艺术技能，具有一定的审美感知、想象、体验和创造能力。在具体的艺术课程学习中，审美能力体现为对某一门艺术语言的理解和运用能力。美育中的人文素养则是指通过对优秀艺术作品的欣赏和理解，让大学生在内心深处不断获得优秀文化积淀，使他们的审美趣味更纯正、审美意识更深刻，由此提升他们的精神气质和人格修养。上述两个方面的素养是紧密联系在一起的，没有审美素养就不可能有美育的人文素养；没有人文素养，审美素养就是低层次的，只是简单的艺术知识和技术。因此，在美育的学习评价中，评价者必须坚持把这两种素养有机结合在一起。

标准化与个性化、客观化与主观化、结果性和过程性，这三对关系属于美育学习评价方法。其中，标准化评价和客观化评价是联系在一起的，二者追求统一的标准，要求评价对象是客观可量化的，这有合理的一面，特别是在保障评价结果的公正性方面有优势。美育的学习虽有统一标准、可量化的一面，如知识、技术，但美育学习不限于这些方面。所以，美育的学习评价还需要有评价主体主观的观察和评判，这种评价应该尊重学生的个性差异，做到标准化与个性化、客观化与主观化相结合。结果性评价是以学生学习的结果作为评价对象的，过程性评价则是关注学生学习的过程，后者更能够起到学习评价的激励作用，二者的结合也是很有必要的。

评价综合化是当前高校美育课程改革的大趋势，不少学者和一线教师都为此进行了大量的尝试和探索。在新的美育课程中，教师要积极进行评价方式的改革，原来只是教师评价学生，现在扩展到学生自我评价、互相评价，学生评价教师等，评价方式日益综合化。其他评价方式还有定性评价，是指对大学生参与美育的过程进行客观合理的评价。美育教师可以采用纵向评价，在发展的过程中让学生看到自己的进步；可以采用过程性评价和终结性评价相结合的方式，在过程中不断地去评价，及时反馈，促进学生的发展。这里强调的是，以综合化的评价激发学生的学习积极性，促进学生发展。这显然有利于弥补标准化、客观化、结果性评价的不足，对学生美育课程的学习和发展状况进行立体的考量。

五、要坚持因人而异的评价标准

对于学生的评价，无论是艺术素质测评，还是美育课程考试，教师都要充分考虑学生在美育素养上的现实差距，切忌一把尺子量到底的粗暴做法，防止一刀切，保证评价的针对性和有效性；要充分考虑地方文化特色与学生个性特点，让每一个学生都有出彩的机会，真正参与美育学习。这就要求测评与考试评价不能采用所有学生一张试卷的传统考试考核形式，而是要尽可能地遵循美育所具有的实践性、体验性特点，让学生在审美实践活动中展示自我。对于学校、教育行政部门及地方政府的评价，要充分考虑其美育基础，要看其自身在美育师资队伍建设、美育场地设备配备、美育课程开课率、美育活动覆盖面、学生审美素养提升度、校园文化建设、艺术展演等各方面所取得的进步与发展，同样也不要机械地在地区与地区、学校与学校之间做横向比较，要通过因地制宜的美育评价，有效地促进学校的美育发展，最终让每一个学生都享有公平而有质量的美育教育。

第二节　采用融合评价方式

一、学评融合的方式

2020 年 10 月，中共中央、国务院印发了《深化新时代教育评价改革总体方案》，要求高校充分利用信息技术，提高教育评价的科学性、合理性、专业性、针对性、客观性，肯定了信息技术在创新评价工具和支持评价实践方面的积极作用。这就要求教师在进行美育评价的过程中，充分发挥信息技术的作用，积极探索融合评价方式。

（一）推动美育学评融合日常化

美育学评融合中关键的自评与互评环节，有赖于信息技术对美育学习时间、空间的拓展，这也是同伴互评等主题在网络在线教学领域讨论最为热烈的原因之一。将评价活动内置在学习平台中，一方面让美育评价成为学习活动中的规定动作，形成师生的评价习惯；另一方面要支持教师和大学生采用多种评价形式，对美育开展情况进行评价，为师生的日常使用创造更好的条件。此外，学生还可随时随地在平台上就自己或他人的学习情况，进行回顾总结，评价反思，如在学习平台上撰写学习日记，针对美育知识点或知识内容进行自我评价等。学生以文字的形式评价自己是否达到了美育阶段性的学习目标，分析自己在学习中付出的努力，对当前的学习结果进行归因，并提出下一步的改进策略等。同学之间也可以进行评价与交流。

（二）提升美育学评融合的标准

高校要重视提升美育学评融合的标准，在进行学评融合评价的过程中，为大学生创造多元的评价机会。随着网络技术的迅速发展，信息技术对时间、空间的延展，有利于大学生从同伴的表现中获取借鉴，拓展思路，加深对主题内容的理解。高校要完善美育学评融合的标准，实现对评价标准的内化及自主运用。在此过程中，大学生的美育评估素养和学习能力将同步得到提升。通过流程与功能的设计，要求大学生在评价过程中必须明确自己的评价依据的是哪一条标准，或在分项标准下进行评价；也可以通过设置评语最低字数、监测评语内容与评价标准相关性等方式，减少随意评价和胡乱评价，让评价过程及内容紧紧围绕大学生认知与元认知的发展。

（三）增强美育学评融合的参与性

在增强美育学评融合参与性的过程中，教师要聚焦于美育核心素养的学评融合，其在本质上是一种高阶思维的学习活动，伴随着同伴互评产生的质疑、争辩、论证等交互行为，不仅能促进学生的反思过程，而且能激发一种群体互动的氛围，使学生深度参与活动。在日常美育评价过程中，教师要允许被评价者根据得到的反馈，对评价者作出回应和质疑，这也是网络学习平台的一项必备功能。能引发被评价者回应与讨论的评语往往是质量比较高的评语，支持对评语的再评价或反馈，也是对提升评语质量的一种督促，教师应鼓励学生给出切实中肯、有针对性的评语，不断促进学生进步。教师还可以创造更具选择性的环境，如让学生可以选择评价对象或选择自己被哪些人评价，建立起学生对评价活动的积极预期，增加学生对学习及评价任务的认知和情感投入，提升评价的效果。

二、校内和校外评价相结合的方式

高校在进行美育的过程中，要坚持校内评价和校外评价相结合的方式，发挥各自评价的优势，不断提升评价的效果，充分发挥综合评价的指导作用。

第一，做好校内评价。在校内，高校管理者要深入美育教学、管理和校园美育文化建设等各项美育工作中，对本校美育质量给予比较全面的评价。针对美育工作漏洞和存在的问题，管理者要尽快形成美育评价报告，及时召开美育工作改进会议，制定符合学校下一阶段美育工作的改革方案。评价报告以及拟定的美育改革方案都要在学校官网公示，达到评价工作的公开化、透明化，保证评价的客观公正，对学生进行合理的评价。教师要根据自身职责从不同角度对学生的审美与人文素养进行评价。美育教师既要对学生在课上展现出的艺术知识与技能进行评价，又要对学生在课下的审美实践表现进行评价，提升评价的针对性和有效性。美育教师是落实美育工作的主力军，因此，要不断学习最新的评价标准，认真总结以往评价存在的不足，为后续评价提供良好的指导和帮助。美育教师通过学生在日常生活中的行为素养与人格品质去评判他们的审美追求与人格修养，对学生的审美与人文素养水平进行记录，着眼于对大学生美育素养提升的长期性评价。学生评价以同学互评为主，学生根据对同学的了解进行互评。与此同时，高校应要求学生参加对教师、学校美育工作质量的评价。

第二，做好校外评价。在校外，国家教育部门要制定规范高校美育评价的相关法规，制定全国统一的高校美育评价标准，从全局上把控我国高校美育评价建设。地方教育部门应要求高校在学年结束时上报本校校内美育评价年报，以检验其校内美育评价成效。各地教育部门应组织聘请美育领域的专家学者，组成专家团队，深入高校内部考察调研，改变以往单纯地审阅美育工作材料的传统方式。通过专家团队实地考察，结合对政府教育部门大数据平台中数据的分析，对本地高校美育工作作出综合评价。高校要在加强合作的基础上，不断完善现有美育评价机制，深化合作关系，应与社会第三方评价机构开展深入合作，签订合作协议。第三方评价机构根据行业要求与自身评价标准，建立独立于政府与高校之外的评价体系。第三方评价机构经由高校许可，坚持因地制宜的原则，可派出评价小组入驻高校，充分发挥评价小组的指导作用，对高校美育教学、管理和文化建设进行评价，不断发现美育存在的问题，然后进行整改和优化。通过长期入驻，这些小组能够对高校美育工作进行客观、合理的持续性评价，提升高校美育评价的能力。

三、美育自评与互评相结合的方式

教学评价是评价主体依据一定的评价标准，运用多种评价方法，对学生的发展过程和变化及其影响因素进行系统分析和价值判断，以期达到教育价值增值的过程。在当下美育评价的改革研究中，重视学生的发展过程至关重要。本书所提出的美育自评与互评相结合的新型混合式大学生学习评价方式正好基于此理念，以过程性评价为导向，强调在美育教学过程中教师适当放权，学生主动参与评价，打破以分数论学习优异的局面，从多角度、多层次、长此以往的美育学习过程评价学习情况，从而进行科学合理的评价。

美育自评即评价对象自己执行对自身学习过程的评价，美育互评是指学生在同一学习环境下对其他同学的学习成果或学习效果的质量进行等级评价。本书所提出的自评与互评相结合的新型混合式大学生学习评价方式则是将二者融合运用于美育教学实践过程，具体执行过程包括三阶段：学习前期、学习中期、学习后期。在学习前期阶段，教师的主要任务是根据美育课程目标制定评估表，并且用于学生自评与互评的整个过程之中。学生的主要任务是根据评估表在学习前期、学习中期、学习后期分别进行评价，提升实际评价的效果。之所以在教学之前，教师应根据课程目标设计评估表，原因有以下三点：第一，教师对美育课程内容最熟悉，清晰地知道学生在学习过程中应达到哪个层次，以评估表的方式进行考核，客观而公平，且能有效达到评估的目的；第二，当学生在学习之前明确地了解美育课程目标时，他们能够以目标为导向进行学习，学习动机更强，学习效果更佳；第三，同一份评估表通过三个不同阶段的评估，能够对学生的学习情况进行系统分析和价值判断，以达到教育价值增值的目标。

在进行大学生美育的过程中，采取自评、互评、自评与互评相结合的评价方式在于单方面的评价无法全面判断学习者对知识的整体掌握情况。正所谓“当局者迷，旁观者清”，同学是学生在学习过程中最为密切和最为直接的接触对象，彼此之间的互评有利于相互促进，及时发现自身的不足。同时，美育互评之后还进行一次自评，旨在更清晰地自我定位与及时强化和改进自己的学习方式，达到最佳的学习效果。在最后阶段，教师要从整体的角度，对大学生的美育情况进行全面的总结评价，从而满足既定的美育要求。

第三节　重视美育过程评价

新时代高校美育评价体系需构建尊重大学生美育发展目标、契合美育长期性特点、注重大学生审美素养与人格修养动态提升的过程性评价。高校要借助美育拓展性课程，以时间为轴，从低处、小处着手，形成长期性观测评价模式，激励和提高大学生感知美、表现美、创造美的能力，在充分尊重大学生个体发展的基础上，对大学生美育过程进行客观、合理的评价。

一、“常态化”美育评价

为了更好地彰显美育效果，高校要根据大学生的实际情况，开展“常态化”评价，为大学生参与美育提供良好的指导。第一，教师要在评价大学生知识和技能的基础上，重视对大学生审美潜能和素养的评价，既要做好对美育结果的评价，又要做好对大学生美育过程的评价。在美育拓展性课程教学过程中，美育教师要充分发挥指导作用，让大学生始终保持积极向上的乐观情绪和强烈的学习愿望，让大学生在行为表现和心理状态等各个方面保持动态平衡，这就需要积极的大学生评价介入。基于这一认识，教师应建立面向全体大学生常态化的美育课堂表现评价机制，重视对大学生日常行为、情感态度等维度的关照，对某方面表现优秀的大学生，由教师或者组长在成长档案袋中进行适时记录留痕，为学期末评优评先提供重要参考，有利于使大学生在整个学习过程中表现出更加主动的学习情感，并不断形成良好的师生关系。第二，高校美育教师要指导大学生对美育学习内容、技法和结果成败进行反思，提升大学生的自我监控能力。大学生通过自评进行思考，充分认识自己在学习过程中的问题，自己进行探索并予以解决，从而慢慢养成对自己的学习负责的态度。教师要结合大学生美育的实际情况，给予大学生更多的时间和空间去认识自己存在的问题，采取有效的提升措施；通过良好的评价体系，让大学生美育形成良性循环，相互促进，最终可以帮助大学生形成稳定的学习内驱力。第三，美育教师要尊重大学生的差异，关注大学生的未来成长，强化大学生的美育素养，培养大学生的美育信心，让大学生看到自己前进的步伐。比如，打造美育特色的校园文化，开展多种形式的美育活动，引领大学生参与校园文明建设，让大学生在获得教师、同学肯定的前提下，产生良好的心理体验和情感体验，增强美育的学习自信心，逐渐由被动学习转向自我管理、自我评价、自我调控，提升美育的效果。第四，在高校开展美育的过程中，美育教师要根据大学生的美育成长记录，对大学生美育活动参与度等进行综合评价，对表现优秀的学生进行奖励，通过激励性的评价，激发大学生参与美育的积极性。高校要以美育为载体，开展多种形式的美育活动，拉近教师与大学生的距离，丰富大学生信息反馈渠道，培养大学生良好的学习力和创新力。

二、多元化展示评价

为了对学生审美进行良好的指导，高校美育教师要采取多元化展示评价的方式，对大学生美育成果进行科学、合理的评价。

（一）情境展示评价

教师要针对大学生的实际情况，构建真实的美育情境，为大学生提供更多展示的机会；要充分发挥任务驱动的作用，引导大学生综合运用艺术和多学科的知识和思维，指导大学生解决复杂的问题，提升大学生解决问题的能力，培养大学生的独特创造力，培养大学生健康的美育情感。结合实践，不难发现，大学生参与作品展示是培养核心素养较好的方法，有利于提升美育的针对性和有效性。在美育作品的布展阶段，教师应充分发动大学生参与进来，培养大学生的创新能力、合作能力、审美能力，邀请参赛大学生对自己的作品进行讲解，不断扩大美育的影响力，激发大学生参与的积极主动性。

（二）动态展演评价

动态主题展演是为进一步丰盈大学生的艺术生活，展现大学生的创新精神与创美能力而构建的多元化展示平台。常态化的艺术展演机制，注重评价学生在常态化艺术展示中的参与度、协作度、表现度，让学生在动态展演活动中不断呈现自信、胆魄、气度、风采等，让评价赋能个体发展，激发美育创造力。在展演过程中，高校还可以邀请学生、教师、家长多主体参与评价，评价内容包括展演参与者现场投入的程度、学习目标的达成度、创意的新颖度和创作的质量、协同的精神和向上向善向美的精神风貌等。这些丰富的活动能引领大学生触摸生活，在多样性成果展示评价体验中发现美、感受美，既让美育作品和美育艺术深入人心，也促进了大学生的个性化发展，极大地调动了大学生日常学习美育技能的积极性与主动性。

（三）协调融合评价

高校要在原有基础上，对大学生采用融合的方式进行评价，让大学生既认识审美的特点，又充分认识审美的不足，为大学生审美意识的提升提供良好的指导。第一，高校要指导学生走进场馆。为了给予学生更加开放的学习环境，激发创新实践的意愿，高校要充分发挥社团的作用，积极开展小组合作，指导大学生积极解决现实问题，不断拓宽他们的思维，激发他们参与美育的兴趣和潜能。教师要构建多元的美育场景，不断丰富大学生的学习过程，采用开放性评价的方式，让大学生充分参与进来，调动他们的学习主动性，不断引导他们朝着所设定的目标前进。第二，高校要指导学生走进社会，不断扩大学生的审美视野。为了让大学生走出课堂，接触社会，高校应构建全时空、全方位、全过程的美育课程体系，让学生在真实情境中提升核心审美素养。高校应融合社会美育资源内容，发挥不同机构的协同育人作用，增强协同美育评价的力量，增强校园美育与社会的融通性和多元化的融合度，搭建丰富多彩的美育活动平台。为帮助大学生提升审美的“关键能力”，高校要结合大学生的实际审美需求，构建有意义的校外学习情境，与当地特色文化艺术活动结合起来，如文化节、文旅节、艺术节等，让大学生现场参与，真实体会所学美育的社会意义、学科知识、思想内涵及艺术价值，提升大学生解决问题的能力，提高大学生对美育知识进行迁移运用的能力，培养大学生的综合素养。

综上所述，高校要构建基于大学生美育发展目标的过程性评价体系，加强对大学生美育过程的评价，尊重大学生的审美素养的个体差异。我国高校美育的最终目标是培养具有崇高审美追求与高尚人格修养的高素质人才，不断满足社会经济发展的要求。高校应尊重大学生的个体差异，有针对性地制定大学生美育的目标。高校要结合美育要求，把大学生的美育评价档案作为长期评价大学生审美素养提升情况的依据，完善人才培养标准。高校应建立大学生从入学到毕业的长期性美育评价档案，对大学生审美素养进行持续性的评价，不断发现他们的不足，提升美育的针对性，通过对比的方式，提升他们的审美水平，更好地落实美育实践，促进他们的审美素养的发展，提升他们的人格修养。在此基础上，高校要结合实际情况，建立本校毕业生审美素质和人文水平信息库，做好大学生美育教育的追踪记录，做好跟踪，并及时发现美育存在的问题，巩固高校美育成果。

第四节　建立美育评价平台

为提高高校美育教育信息化水平，为大学生艺术综合素养赋能，加强美育交流互动，促进美育均衡发展，高校要联合其他学校，谋划建立美育数字化教、学、评、管综合评价体系，打造一体化评价平台，为大学生美育提供良好的指导和帮助，不断弥补以往美育过程中存在的不足，按照既定的美育目标，充分运用数字化思维和数字化技术，指导大学生做好知识学习、素质测评等。美育评价平台可以对大学生进行教学评价、过程评价、教学监管等，具有多方面的作用，有利于实现美育资源共享，创新美育智能评价，整合区域美育课程数字资源库，积极打造高校美育教研新样态，为后续美育评价创造良好的条件。

一、大学生美育评价平台目标

（一）实现高校美育资源共享

对于整合区域内各校美育课程数字资源库，资源丰富的高校可将本校教师制作的视频课程、课件等共享，为区域内高校美育教师提供全方位一体化的帮助，帮助各个高校开设美育课程，实现区域美育全覆盖，为美育评价构建良好的平台，实现不同区域的高校美育资源共享，惠及更多的大学生。通过高校美育联盟，建立联盟美育资源联建共享机制，构建高校美育课程体系，让美育教学走向多样化、规范化，加强不同高校之间的交流，如开展美育作品征集展览、美育论坛、美育征文、服饰展、美育交流等活动，积极解决美育过程中存在的难点与难题，促进职业院校美育工作的健康有序发展，实现美育资源共享、美育基地共建、美育教育共创，培养大学生美的理想、美的情操、美的品格、美的素养。

（二）创新美育智能评价方式

针对以往评价考核机制不健全、不规范、不准确等问题，在进行评价的过程中，美育教师可以充分利用现代化信息技术，给每个大学生都建立美育评价数字档案，对大学生美育学习成长过程进行记录，形成准确、数字化的评价数据，发挥过程性评价和体验式评价的作用，创新美育智能评价手段，为高校美育评价提供更多的选择。

（三）开展美育课后指导

为了提升美育效果，高校可以开展美育课后指导。美育评价平台为高校配置了个性化课后延时服务，设置了美育综合素养课程库，如音乐欣赏、美术欣赏、舞蹈学习、器乐微课堂等课程，丰富了大学生的课后活动，促进了大学生的身心健康发展，助力了美育课后服务的开展，提升了美育评价水平。

二、美育评价平台构建策略

（一）课堂教学形成性评价

在美育过程评价中，美育教师要以激励为原则，通过美育评价平台，结合学生的习惯态度，做好大学生美育学习习惯、美育兴趣、美育参与度的调研工作，有针对性地做实形成性评价，为后续评价打下良好的基础。比如，在利用美育平台进行评价的过程中，教师可以用视频的形式进行录制，形成人人参与、个个展示的良好氛围，让美育课堂成为大学生展示自己的舞台，以大学生成长云档案袋的方式记录大学生每一个阶段的美育过程，对大学生在每一个学习过程中的表现，进行全面的形成性评价，提升评价的效果。

美育评价平台的构建还可以帮助参与美育的大学生建立电子档案袋，帮助教师对学生的知识、技能，对学生的学习过程、学习方法等进行有效的评价。凡是能反映学生学习成果、学习过程及个性发展等方面的内容都可以放进云档案袋。大数据背景下的高效统计功能、迅速实时反馈功能帮助师生解决了纸笔评价的烦琐与冗长问题，直观的数据让师生体会到了评价带来的欣喜与效用。大学生的美育情况能够直接在平台上显现，一对一的反馈让教师的视野直接投放到了全局和个体的差异上，直接对接学情研判，提高了课堂教学的精准性。

（二）期末总结性评价

在每学期末，高校美育教师都要对大学生进行总结性评价，结合大学生美育实践中研讨出的“精准测评＋个性表现”标准进行打分，充分发挥评价的重要作用。为做好总结性评价，高校美育教师要利用美育评价平台，指导大学生在平台上自主学习和自主测评，并参加学校组织的丰富多彩的课后服务活动。高校管理部门要对测评进行规范，创新智能化评价考试模式，减轻美育教师负担，对大学生进行个性化精准测评，提升评价的效果；要加强不同高校之间的交流与沟通，利用美育评价平台，形成美育评价大数据，通过数据分析，掌握大学生的美育素养情况，不断总结其中存在的问题，以此发挥评价平台的重要作用，对大学生进行合理的评价，发挥美育评价的指导作用。

（三）动态个性化评价

新时代的大学生出现了新的特点。为了满足实际需求，高校美育教师要对大学生参与美育教学进行动态、个性化的评价，针对每一个学生的实际情况，指导其在美育评价平台中自行选择项目，按照操作的要求输入评价成绩，系统会自动生成总分、总评成绩，从而得出该学生个体美育学业成绩。这样，该学生就会对自身的美育基本能力做到心中有数，进而弥补自身的不足。

（四）“教学评一致”原则

以测促评、以评导学，就是要发挥相互之间的促进作用，提升评价效果。在高校美育课堂教学中，美育教师可以结合具体的教学内容，使用教学软件系统辅助自己备课、授课，丰富美育形式，增强课堂教学的吸引力。在美育评价平台中，教师可以在线上对所有学生进行评分，完成成绩录入、现场测评、网上考试、课外活动、活动材料等数据的采集，为量化评价提供重要的参考依据，真正把大学生美育素质测试与评价落地，为大学生以后的发展提供重要的帮助。

三、美育评价平台未来发展趋势

在未来的美育评价过程中，美育教师要充分发挥平台的优势，积极探索全新的评价方式，做好评价平台的推广，对大学生美育进行全面、合理的评价。

（一）探索全新的评价方式

美育评价平台微课程为学校开展课后托管服务提供了新路径，在一定程度上减轻了教师的工作量。高校美育教师要充分发挥技术优势，采用动态评价的方式，激发大学生自我反思、自我督促、自我评价，培养大学生潜在的审美意识，探究展评一体的评价模式，采用线上评价和线下评价相结合的方式，不断为美育工作的开展创造良好的条件，适应当前时代发展的新要求。

（二）不断激发美育教师的积极主动性

在美育评价平台开发的过程中，高校美育教师要结合自身实际情况，充分挖掘评价平台的独特价值，丰富美育形式。这就要求美育教师不断提升自身的信息技术能力，大力推广和应用线上线下融合的教学方式，为后续的美育工作提供良好的范式。在未来的发展过程中，高校美育教师要加入美育评价平台的开发进程中，充分利用平台的数智驱动，共建共享，激发实际参与的积极性和主动性。

（三）推动高校美育评价平台信息化建设

高校要不断引进数字化技术，结合美育开展的基本情况，积极开展信息化辅助教学、观课、考评，构建综合性的信息化美育评价平台，大力推动美育改革，“五育并举”，促进当前大学生健康全面发展，不断为社会培养高素质的人才。

第七章　大学生美育对策

本章共包含六部分内容，分别为创新美育内容、构建美育环境、完善美育机制、创新美育理念、探索美育格局、构建美育课程体系。

第一节　创新美育内容

美育是培养大学生审美能力和创造力的重要途径之一。随着时代的发展和社会的进步，传统的美育教学方法已经无法满足现代大学生的需求。因此，高校需要创新大学生美育教学方法，采用跨学科融合的方式，优化美育资源与环境，加强校内外合作，不断为大学生提供良好的指导。

在高校美育过程中，需要按照既定的美育目标，选择符合大学生审美心理的校内校外资源，不断充实现有美育内容，丰富大学生的美育体验，提升他们的审美意识和审美能力，保证美育效果。高校美育创新对人才培养具有重要的意义和价值。通过美育创新，可以促进大学生的全面发展，提升他们的创新能力，提高学校的整体教育质量。为了实现高校美育创新的目标，学校可以采取多种方法和途径，包括课程设置的创新、美育资源的整合和利用，以及教师队伍的培养和发展。高校需要不断推进美育创新，立德树人，培养更多具有人文关怀和创新精神的优秀人才，才能为社会发展和进步作出积极贡献。

一、融入社会艺术内容

审美体验是指通过艺术作品和艺术活动，使人们产生美的感受和享受。艺术作品和艺术活动可以激发人们的想象力和创造力，让人们感受到美的魅力。通过真实的审美体验，人们可以培养自己的审美情趣，提高自己的艺术修养。

（一）开设专门的艺术课程

为了满足当前美育工作的要求，在进行美育的过程中，高校要开设专门的艺术课程。美育教师要做好调研工作，结合实际情况，挑选优秀、经典的中外艺术作品供大学生分析与鉴赏，如优秀的音乐、舞蹈作品，指导大学生深入挖掘作品中内在的精神、思想，让大学生从中获得启发，感受作品中的艺术美。同时，在课堂上，美育教师应让大学生积极发言，表达自己对作品的理解与感受，从而培养他们的审美能力和自我表达能力。高校要结合新时代发展的要求，积极探索新的艺术课程教学模式，以自由形式为主，提高大学生的艺术修养和审美修养，从而为社会发展作出更大的贡献。

（二）编写满足美育要求的艺术类教材

提高大学生的艺术修养，主要是拓宽大学生的知识视野，使大学生的思想、情感、鉴赏能力得到提高。在编写教材时，编写者应注重文理学科的渗透，根据当代大学生实际水平编写科学适用的教材，完善大学生的知识结构，注重对人文素质类教材的编写，提高大学生对人文知识的兴趣，加强对大学生文学艺术修养的培养。因此，为了满足美育的需求，在新时代，美育专家学者要结合美育前沿和教学需求，不断出版更多的专业教材，为大学生提供高质量的教学服务，丰富教学内容，提升美育水平。

（三）鼓励学生参加社会艺术活动

高校要鼓励大学生参加社会艺术活动，如文化艺术节、非遗展演、旅游文艺节目等，营造积极、有趣的文艺氛围，让大学生能够充分地参与其中，获得不一样的感受，充分感受各种形式的艺术美。高校可以联合社会机构，举办各种人文、艺术讲座，如文学艺术讲座、音乐艺术讲座、舞蹈艺术讲座、美术艺术讲座、电影艺术讲座等，不断扩大学生艺术学习的视野，调动大学生的积极性，使他们主动参与不同形式的文化艺术活动，从中收获快乐与知识，让大学生得到艺术的陶冶和熏陶，提升社会艺术美育的效果。在日常社会实践过程中，高校要积极指导大学生参加多种形式的艺术实践活动，不断提升大学生的艺术素养。2023 年 9 月 28 日，由中国美育教育网联合美育中国专家智库主办的“美育中国”艺术展演活动全国新闻发布会在北京大学成功举行。“美育中国”艺术展演活动依托美育中国专家智库组成专家团队，把美术、音乐、舞蹈、语言融合起来，奏响了音乐、美术、舞蹈完美融合的大国美育华章。

（四）提高大学生文学艺术修养

在进行美育的过程中，高校美育教师要充分地把美育理念与美育实践结合起来，增加文化素质课程，如文学课程、历史课程、哲学课程，让大学生接受艺术理论知识的熏陶，引导学生在实践中运用人文知识解决实际问题，提升实际应用能力，从实践中使自身的艺术修养得到进一步的提高，使艺术修养通过大学生的言谈举止表现出来，以展现大学生的整体人文素质与人文魅力。因此，高校在开展美育的过程中，要不断总结经验教训，然后进行有效的改进和发展，

“他山之石，可以攻玉”。

（五）充分利用校外艺术资源

大学生审美教育还应利用校外教育资源，把审美教育延伸到校外，扩大到整个社会。比如，美术馆、音乐厅、博物馆、名胜古迹、历史文物、人文景观等，都是很好的审美教育资源。高校要通过组织大学生到音乐厅欣赏高雅艺术，到美术馆、博物馆参观美术作品、历史文物，游览名胜古迹、名山大川，考察工厂生产流程、新农村巨变等，触动他们的感情，唤起他们的想象，使他们的心灵深处受到感染，并在美的体验和精神需要得到满足的同时，也意识和联想到这些美好事物中所包含的社会理想和社会意识，使他们在潜移默化中形成健康的审美观，培养和提高他们感受美、鉴赏美的能力。总之，高校只有将优秀传统文化教育、艺术教育、学科课程教育、校园文化环境教育等结合起来，全方位实施审美教育，才能切实促进大学生审美素质的全面发展；大学生只有具备健全的审美素质，才能成为全面发展的、对社会有用的人才。

二、融入大学生人格教育内容

大学阶段是大学生人格养成的关键阶段，对大学生的职业发展和未来生活都会产生十分明显的影响。因此，大学美育课程应当围绕大学生人格养成这一目标来设定，提升他们的气质和修养。人格通常与个体的言行在社会生活中表现出来的心理特征相关，包括兴趣、爱好、气质等。蔡元培早就认识到：“发展人格者，举智、情、意而统一之光明之谓也。”（《中学修身教科书》）说到底，人格就是人之所以为人的基本价值，大学生美育要重视健全大学生人格，使他们保持积极、健康的生活心态。人格并非简单的个体构成，而是指个体的社会品格。在美育的过程中，高校美育教师要对大学生进行长期的指导和帮助，人格是人类个体在社会中的稳定品格，包括其行为方式和内部过程，涉及理智、情感、意志等多种内容。个体的优化是人格的持续养成过程。在进行美育的过程中，教师要指导大学生树立终身学习的理念。

人格养成方式有多种，蔡元培否定宗教而倡导美育。在他看来，中国古代有着丰富的美育内容：礼乐、辞章、书画等。他认为，现代教育的任务之一就是在开展“普通教育”的过程中，通过“参用美感”，让“实业教育”能够“与美感教育调和”，实现融合教育，实现大学生的全面发展，培养高素质的专业人才。美育之所以有助于人格养成，是由于它特有的感性形象体验方式。这是中国现代大学美育的倡导者和奠基人蔡元培提出的重要观点。1912 年，蔡元培大力倡导包括大学美育在内的学校美育，并将其纳入现代教育体制中。他认为“美感者，合美丽与尊严而言之，介乎现象世界与实体世界之间，而为津梁”①；美育是沟通“现象世界”和“实体世界”的桥梁，有利于帮助大学生更好地认识这个世界，以积极主动的心态去适应生活。蔡元培认为“美育”应放到与“世界观”同等的程度去认识和倡导，这对今天具有非常重要的启示意义，高校要从当前大学生的特点出发，结合时代发展的要求，顺应时势，健全大学生的人格。

美育对于人格养成的作用，具体体现在其特有的感性形象体验方式。蔡元培认为：“鉴激刺感情之弊，而专尚陶养感情之术，则莫如舍宗教而易以纯粹之美育。纯粹之美育，所以陶养吾人之感情，使有高尚纯洁之习惯。”② 美育的独特方式在于“专尚陶养感情之术”，即感性形象体验方式，其功能是培养良好的感情，养成高尚的行为习惯。蔡元培在编写《美学讲稿》时，推动设立画法研究会、书法研究会、戏剧研究会、音乐传习所等美育机构和艺术研究机构，并聘请当时的艺术大家到北大授课和指导学生开展艺术活动。在他看来，美育可以帮助大学生消除急功近利的倾向，还可以净化大学生的心灵，培养他们崇高的理想。美育有超越性、普遍性的特点，“独乐乐不如与人乐乐，与寡乐乐不如与众乐乐”，所以，他提出“以美育代宗教”的思想，这对当时也产生了明显的影响。他认为，作为大学生应当“专心增进学识，修养道德，锻炼身体。如有余暇，可以服务社会，担负指导平民的责任，预备将来解决中国的——现在不能解决的——大问题”（《去年五月四日以来的回顾与今后的希望》）。在进行大学美育目标设计的过程中，高校要结合人才培养的目标，培养出有能力引领现代中国变革乃至预备将来解决中国现在不能解决的大问题的领袖型人才。

---

① 徐少锦，温克勤．伦理百科辞典 [M]. 北京：中国广播电视出版社，1999：841.

② 邓韵．马克思主义理论教育中的美育实践研究 [M]. 武汉：湖北美术出版社，2021：9.

三、指导大学生艺术鉴赏

艺术鉴赏是指通过欣赏艺术作品，了解艺术家的创作技巧和艺术价值，是大学生美育的重要内容。美育教师应不断采用先进的美育理念，通过组织大学生欣赏艺术作品，让大学生充分感受到艺术家的创作意图和艺术追求。艺术鉴赏可以培养大学生对艺术的理解和欣赏能力，提高大学生的艺术鉴赏水平和艺术素养。

（一）以美怡情

高校艺术文化活动是一种以艺术为载体的教育活动。艺术可以表达和抒发喜、怒、哀、乐各种情绪和情感，使人在演奏、创作及享受艺术的过程中达到心灵的净化、情绪的舒缓、精神的愉悦，这种艺术影响是主动的。艺术在抒发情感的同时还能传递情感，对观赏者产生一定的艺术感染和情感影响，这种艺术影响是被动的。除了对人情感的影响，历史悠久、类型丰富的艺术还能提升人们的艺术素养。根据不同的审美喜好，人们通过欣赏各种类型的艺术，不断提高自身的艺术鉴赏水平和艺术素养。

美育作为全面发展教育、素质教育的重要内容，要培养大学生鉴赏美、创造美的能力，其中，音乐不仅具有艺术性，还具有广泛的群众基础，音乐易于理解、普适性强，受到大学生的青睐，是提升大学生艺术素养最合适的艺术类型。高校要不定期地组织艺术文化活动，鼓励大学生积极演唱、演奏、创作艺术作品，抒发和表达对于情感、生活和理想的态度，从而得到情感的释放和艺术的锻炼。艺术文化活动的举行能够活跃高校校园的气氛，给予人精神享受、心灵慰藉，可以使广大学子在紧张的学习之余，放慢脚步，思考和感悟生活，这是一种情感心理层面的艺术美学教育，对大学生的心理健康发展具有良好的作用。艺术活动能够有效地提升大学生的艺术鉴赏水平，引导大学生远离庸俗、低俗艺术的消极影响，塑造大学生健康向上的艺术观，整体提升大学生的艺术修养。

（二）借美启智

实践证明，艺术教育能够对人的思维能力产生积极影响。为了培养多种思维能力，启迪大学生智慧，高校美育教师要充分发挥美育课程资源的重要性，与大学生的专业课程充分结合起来，实现专业课程与美育课程的优势互补，提升美育的效果。例如，音乐的情绪、情感，能够感染听众，对其心理产生影响，从而促进其右脑的思维发展；而音乐的旋律高低、曲调长短、气息强弱、乐谱规律等则能够对人的左脑的思维发展产生影响。因此，人们在参与艺术文化活动的过程中，能够同时锻炼自己左右脑的思维能力，促进左右脑协调发展。

艺术教育能够有效开发大学生的想象力和创造性思维，高校艺术文化活动对大学生思维水平的提升具有良好的效果。一方面，能够激发大学生的想象力和创造力。在美育过程中，教师要通过艺术教育，培养大学生良好的艺术气质。艺术是充满浪漫气息的，表达着人们对世界的感受。大学生在赏析艺术的过程中，进入艺术的广阔空间，充分发挥想象力和创造力，感受现实世界之外的艺术世界，从而获得充满美感的愉悦的艺术享受。另一方面，艺术教育不仅能让大学生被动地接受，还能让大学生主动创造。大学生在参与艺术文化活动的过程中，也在积极地进行艺术文化的再创造和再加工。高校艺术文化活动为充分发挥大学生的想象力和创造力提供了很好的平台。

（三）以美育德

艺术是一种表达方式，也是一种文化载体。艺术作为人类历史发展过程中不可或缺的存在，具有悠久的历史和丰富的文化底蕴。生活是艺术创作的沃土，艺术也在不断地传递、表达思想与情感。艺术的思想性和文化性决定了艺术教育具有的德育价值，这种价值蕴含在艺术丰富的文化内涵中。20 世纪初，梁启超等改良之士就提出“盖欲改造国民之品质，则诗歌音乐为精神教育之一要件”（《饮冰室诗话》），这里面就体现了美育的作用——提升国民素质和品质。因此，高校在美育过程中，要融入艺术的内容和情感表达，不断开发丰富的美育元素，为大学生提供更好的指导。比如，有些歌曲是对孝道亲情的传播，有些歌曲是对友情、诚信的传播，有些歌曲是对故土乡情的传播……这些歌曲所抒发的情感积极健康、充满正能量，人们在接受艺术熏陶的同时接受着道德的教化和潜移默化的影响。传统歌曲中的诗词歌赋、现代歌曲中的语言艺术，对不同地域的地理风貌、民风民俗、价值观念等都有着不同的呈现，这些各具特色的歌曲曲风有利于开阔大学生的视野，提升大学生的艺术修养。

高校应坚持因材施教的原则，积极探索如何以润物细无声的方式，在潜移默化中影响大学生。高校应按照大学生喜闻乐见的方式构建美育课程体系，不断拓宽美育的路径，积极引导大学生“去伪存真”“除恶崇善”，树立正确的认知、正向的情感、坚定的意志和积极的行为，把美育的怡情养性、化性起伪功能发挥到极致，提升大学生对美的洞察能力和分析能力。

四、融入传统文化内容

传统文化是一个民族发展和进步的灵魂，不仅包含了历史的积淀，也蕴含了丰富的智慧、思想和价值观，对当前社会发展和学校教育具有十分重要的借鉴作用。传统文化是宝贵的遗产，对其进行传承是每个人的责任。文化传承需要高校建立完善的美育资源库，打造特色的文化课程，组织多种形式的学术教育和文化活动，传承和弘扬民族文化艺术，让大学生通过参与这些活动，了解和传承自己的民族文化，学习和借鉴优秀的文化成果，培养大学生对中华民族文化的认同感和自豪感，使其自觉参与传统文化保护工作，促进文化多样性和文化交流。例如，高校可以开展传统文化教育、举办文化艺术展览、组织文化交流活动等，这些都是促进文化传承的重要途径。当代大学生要培养文化传承意识，保持文化自信，不断发扬优秀的传统文化。高校可以从以下几个方面做起：第一，传统文化的知识教学。高校应指导大学生了解传统文化的内容、特点及价值。高校在开展美育的过程中，要加强对大学生的专业指导，要求大学生在课余时间多阅读一些有关传统文化的书籍、文章等，增加自己的文化素养。例如，大学生可以读一些古典名著，如《诗经》《道德经》《史记》《三字经》《增广贤文》等，感受先贤的智慧和情怀；教师也可以指导学生欣赏一些传统艺术，如书法、绘画、音乐、戏曲等，充分感受其内在的艺术魅力；高校还可以指导大学生学习优秀的传统技艺，如剪纸、刺绣、陶艺等，提升大学生的动手能力和实践能力。第二，积极传承传统文化的精神。中国传统文化博大精深、源远流长，为高校美育提供了美育资源，高校美育可以与传统文化主题教育相融合，也可以与中华优秀传统文化结合，拓展并提升教师的职业生涯价值，同时还可以与中华优秀传统文化结合，打造学校个性化特色品牌。借助中华优秀传统文化，有利于进一步深度探寻美育的价值与意义，有利于探索高质量发展的途径和方法。为了充分发挥美育的指导作用，高校将传统文化的精神融入大学生的日常生活和学习中，引导大学生做一个有道德、有品格、有修养的人。高校在美育开展过程中，要引导大学生传承中华民族传统美德，遵循传统礼仪，尊敬师长、礼貌待人、诚实守信，真正做一个符合新时代发展的新青年，从而更好地适应大学生活；指导大学生要孝敬父母、友爱兄弟、忠于国家；培养大学生勤奋好学、求真务实的精神，使其保持良好的生活心态，胜不骄败不馁，创造更加精彩的人生和未来。第三，不断扩大传统文化的影响，让更多的大学生真正地参与进来。高校应该利用自己的优势和平台，向更多的人宣传和介绍传统文化的价值和意义，让更多的人认识和喜爱传统文化。高校要在打造美育教育平台的基础上，鼓励全体大学生充分参与美育的过程，如在社交媒体上分享大学生对传统文化的见解和感受，吸引更多的关注和讨论，激发大学生参与美育的积极性；要鼓励大学生参与或组织一些有关传统文化的活动和比赛，展示才华，体现特有的风采；要鼓励大学生与外国友人交流和沟通，让他们了解和尊重中国的历史和文化。第四，创新传统文化的形式。高校在弘扬传统文化时，要采用现代化信息技术和网络技术。高校要根据时代的发展和社会的变化，对传统文化进行批判性的继承，取其精华，不断创造新的文化形式，使之更加符合现代人的审美和需求，更加富有生命力和活力。高校可以将传统文化与现代技术相结合，不断让传统文化散发新的活力，打造极具现代美学特色的文创产品，带动相关产业的发展，彰显出传统文化的美学价值和艺术价值，为大学生提供良好的美学体验；在美育开展过程中，高校可以把传统美学思想与现代理念相融合，不断改进当前的美育教学方式，积极营造良好的美育环境，让大学生能够沉浸其中。美育可以提高大学生的审美情趣和艺术修养，丰富大学生的业余生活和精神生活，有利于健全大学生的人格，提升他们的审美意识，使他们养成良好的审美习惯，为他们的以后的发展打下良好的基础。

第二节　构建美育环境

高校应致力于将美育实践有机融入思想道德建设、学科专业教育、文化传承创新及文明校园创建等多个方面，实现深度融合教学。通过构建多样化的场域，真正将教学育人、文化育人、网络育人、实践育人等多种育人方式相结合，发掘并开发具有自身特色的美育元素。同时，高校应积极创新美育载体，全面强化以美化人的导向，以全方位的美育实践营造积极向上的育人环境，为大学生参与美育活动创造优越的教学条件。

一、以美培元

“以美培元”是一种综合性的教育理念，其核心在于审美教育。该理念旨在通过美的体验与教育活动，塑造个体人格，陶冶情操，提升人文素养。它强调美育在立德树人中的核心作用，并倡导美育与德育、智育、体育及劳动教育的深度融合，主张实施全过程美育，以促进个体在德、智、体、美、劳各方面的全面和谐发展。简而言之，“以美培元”是一种通过美育手段，提升人的内在精神与道德品质的教育实践。

随着社会经济的发展，高校美育亦呈现出新的变化与特点。高校根据各专业人才培养的特点与专业能力素质要求，以培养具备崇高审美追求与高尚人格修养的高素质人才为目标，积极构建以审美与人文素养培养为核心，以中华优秀传统文化传承发展与艺术经典教育为主要内容，以传统艺术为特色的公共艺术课程体系。同时，高校应不断构建现代化公共艺术课程，充分利用网络资源，引入在线优质课程，并将其融入现有专业人才培养方案，为美育工作的开展提供指导与帮助，实现创新发展。

在以美培元的背景下，高校应鼓励各学科专任教师积极探索将美育元素融入专业课程的有效途径，创新美育教学模式，并充分发挥省审美教育研究基地、高校美育研究所等平台的作用，开展“课程美育”教学改革研究与美育学术研究。高校应坚持立德树人的根本任务，以“大美育”为方向，将传统文化、美育与新时代高等教育相结合，丰富美育内容，充分发挥高校特色优势，加强人才培养、科学研究、校园文化、实训实践、社会服务、兴趣培养等方面的工作，做好大学生美育指导，实现融合教育。同时，结合美育实际情况，积极探索新时代“美育 +”育人新模式。

高校应加强统筹顶层规划，充分发挥互联网的指导作用，推进美育资源共享。高校管理者应充分发挥在美育工作中的领导核心作用，成立专门的美育工作领导小组，形成校领导负责、全员协同参与的责任体系。为充分发挥美育在人才培养过程中的重要作用，高校应强化美育理论实践研究，整合学校艺术资源，开展美育普及教育；加强美育学科建设，建立美育协同育人机制，积极与企事业单位、艺术院团等社会机构密切合作，加强学生校外实习实践。深化美育教学改革，创新美育人才培养模式，为学生提供更多参与美育的机会，提升美育效果。

此外，高校应将美育纳入人才培养方案，培养美育方向的艺术人才。结合美育开设的基本情况，培育建设美育精品课程群，不断开发不同课程美育资源，满足不同专业人才的培养要求。同时，根据当前线上美育的实际情况，设计在线学习平台的美育类课程，通过“互联网 +”引进美育理论、艺术鉴赏、美育实践等在线开放课程，为学生提供多元化的美育教学指导服务。

二、以美化人

“以美化人”旨在通过美育实践，推动个体在审美、情感及精神层面的积极变化与发展，进而培育出具备高尚情操、丰富情感及健全人格的社会成员。此概念凸显美育在个体社会化进程中的关键作用，认为美育不仅能传授艺术技能，更能通过审美体验与艺术实践，培育个体的审美情感、提升道德境界、丰富精神世界，最终实现个体的全面发展与人格完善。在推进“以美化人”的过程中，高校需强化校园文化建设，明确美育的育人导向，以提升大学生的综合素质。具体而言，需采取以下措施：

第一，持续举办面向全体师生、鼓励广泛参与的高雅艺术进校园、传统文化艺术展示、歌唱与舞蹈比赛、书法绘画及摄影展览、轮滑比赛等多样化的艺术文化活动，营造浓厚的美育文化氛围，实现美育的浸润式传播。

第二，深入挖掘各学科、专业中蕴含的美育元素，以多种形式打造文化节、艺术节、美术节等文化育人品牌，形成多元化的培养格局。

第三，以文化艺术为媒介，深刻提炼并生动诠释学校发展的精神文化之美，发挥高校育人精神的引领作用，坚持德智体美劳五育并举，利用现代新媒体技术进行全面有效的宣传，为高水平大学建设提供深厚而富有美感的精神支撑。

第四，高校应重视教师的专业成长，为教师提供系列美育专题教育讲座，拓宽教师的美育视野，更新教师的美育理念，鼓励教师开展美育课题研究、调研及专家访谈等创新活动，以扩大美育的覆盖范围，为学生提供全方位的指导。此外，高校需强化美育教育，突出教育教学创新。

第五，高校应深入挖掘美育的价值，确保“以美化人”理念真正发挥美育的渗透作用，贯穿于美育的全过程，为学生提供优质的体验。例如，高校体育教育专业在培养学生专业知识和技能的同时，也注重培养其科学的美育思想、方法和理念。

第六，高校应加强对美育教师的培训，鼓励其参加各类培训、研讨会及学术交流活动，不断提升其专业能力和教学水平。在美育教师队伍的建设方面，需加强教育机构的支持与管理。高校应制定相关政策，加大对美育教师队伍建设的支持力度，提供必要的培训资源和经费保障。高校管理者应高度重视美育教师队伍建设，加强对教师的管理与评价，激励其积极投入工作。

第七，高校可与相关力量建立合作关系，共同开展各类美育活动，为美育教师提供更多实践机会和教学资源，促进其队伍建设与发展，引导其以身作则，成为学生的榜样与引领者。

三、以美润心

“以美润心”是指在教育进程中，借助美育的实施，丰富学生的精神世界与温润学生的心灵，以达成学生心理健康及情感发展的教育理念。此理念凸显美育在促进学生心理健康与人格完善中的独特效能。通过艺术欣赏、艺术创作等美育实践活动，培育学生的审美情感，提升道德情操，丰富精神世界，最终实现个体的全面发展与人格完善。

在实施美育的过程中，高校需充分发挥自身文化底蕴的引领作用，构建优良的美育校园环境，让学生在处处洋溢自然与人文美感的环境中启迪思维、温润心灵、陶冶情操。开展校园展演实践，融合美育与文化素养。高校应积极探索并创造具有时代特色、校园特征、学生特质、教育属性的艺术实践活动形式，培养学生自觉增强文化主体意识、强化文化担当的新面貌。例如，在日常美育实施过程中，高校可借助网络技术，积极举办表演展演类活动，实现线下表演与线上直播的有机结合，加大美育活动的组织与交流力度；同时，要充分发挥社团的作用，加强对学生的指导，强化艺术社团建设，推动美育与校园文化的深度融合。

高校在创设美育特色教育的良好环境，满足美育多元化需求方面，可从以下方面着手：

第一，注重校园环境的审美功能。依据校园自身特点，遵循美学原则，设计与布置树木花草种植、雕塑、宣传橱窗、办公室教室门牌、卫生箱等设施，营造浓厚的美育氛围；同时，充分发挥高校内部优良传统，积极规范学生的行为方式，践行社会主义核心价值观。

第二，持续改善教育教学设施。根据教育现代化的需求，高校要增加教育教学设备投入，“工欲善其事，必先利其器”。依据美育特色学校创建需求，引进先进美育设备，完善美育基础设施。

第三，加强对特色教育的领导。高校要成立特色学校创建领导小组，发挥内部各级骨干作用，制定长远的美育特色教育策略，为未来美育工作的开展提供全面指导。

第四，强化特色教育舆论宣传。高校要充分发挥微信公众号等新媒体的宣传作用，定期召开相关工作会议，持续宣传学校创建规划方案，弥补以往美育工作中的不足，使美育特色教育真正落地生根，形成高校美育特色。高校需结合自身实际情况，坚持以学生为本的理念，宣传美育特色学校创建的意义与具体措施，使美育特色教育深入人心。

第五，完善美育特色学校管理制度。从科学、规范、符合学校实际的角度出发，构思学校制度，广泛征集教师、学生、家长的意见和建议进行修改，并提交教代会审核通过，以规范化的管理制度为特色教育提供坚实保障。

四、以美铸魂

“以美铸魂”意指借助美育实践的手段，塑造并提升个体的精神境界与道德情操，从而培养出具有坚定理想信念、高尚道德品质及丰富情感的社会主义建设者和接班人。此理念着重凸显美育在培育个体社会主义核心价值观、增强文化自信以及激发创新创造活力方面所发挥的关键作用。它涵盖了审美教育、情操教育及心灵教育等多个层面，旨在通过艺术与美的体验，丰富个体的精神世界，提升其道德情操与审美能力，并最终实现个体的全面发展。

高校应立足于新时代网络文明建设的实际需求，充分发挥网络技术的独特优势，在网络育人工作中始终坚持“以美铸魂、以美育德”的原则。高校需从实际情况出发，积极组织大学生网络文明教育活动，充分激发全体师生的参与热情，共同营造清朗的网络空间，为大学生上网提供科学有效的指导。高校要通过举办“网络文明教育大讲堂”，教育引导学生在网络空间中明辨美丑、善恶，坚守底线。在开展“以美铸魂”活动的过程中，高校应依托校园网，引导学生在网络上主动发现美、传播美、创造美，积极培育健康向上、向善向美的网络文化，指导大学生文明上网，共同构建良好的文明网络环境。例如，可以组织成立大学生网络文明志愿者协会，充分激发大学生在创造网络空间之美中的积极性与创造力。

与此同时，高校还应不断加强网络新媒体矩阵建设，壮大主流舆论声势，积极弘扬社会正能量，重点做好美育宣传工作，广泛开展师生中的最美人物、青春榜样、先进事迹及美好时刻的网上宣传活动，强化网络道德示范引领作用，推动形成崇德向善、积极向上的网络文明环境，为大学生构建起一个健康发展的网络精神家园。高校应结合自身的特点，充分利用融媒体技术，改变以往单一的美育模式，通过互动体验式的教学方式，打造高质量的“出圈”文艺作品，让大学生接受新型的美育教育。高校应充分利用各大网络媒体平台，结合美育领域出现的新变化，充分运用视频直播、短视频、慢直播等多种形式，拓展并重塑美育的范围，丰富艺术表现形式，促进美育课程的学习与吸收。

此外，高校还可以依托融媒体平台，深入挖掘并整合内部的美育资源，建立校园美育资源库，打造“沉浸式”美育体验模式，增强大学生的美育情感体验，提升其美育鉴赏力与审美观念，进一步强化美育的效果，为大学生提供高质量的教学指导与服务。

五、以美践行

“以美践行”意指在教育实践活动中，借助美育的手段及策略，引导学生将美的感悟与认知转化为实际行动与社会实践，旨在促进个人的全面发展与社会责任感的培育。此理念着重强调美育与实践的深度融合，认为美育不仅是审美与情感培育的过程，更是行动与实践教育的关键环节。通过“以美践行”，学生在美的熏陶之下，能够形成积极向上的价值观念，发展创新思维与实践能力，积极投身于社会服务与文化传承，从而成为具备社会责任感与创新精神的新时代人才。

为使大学生更加深切地感受艺术之美，高等院校应充分挖掘并发挥现有美育基础设施的效能，如音乐厅、展览馆、多功能剧院、音乐琴房、舞蹈排练厅、合唱排练厅及器乐排练厅等，并加强与校外机构的协作，为学生构建更具操作性与针对性的艺术实践体验平台。同时，高校应重视并发挥学生社团的艺术实践功能，持续吸纳更多大学生参与，不断推进文化创意艺术实践活动，提升美育的艺术成效，有效增强大学生的艺术参与度、体验度与创造力。

高等院校应依据国家相关文件精神，以国家课程标准为指引，面向全体大学生开展丰富多彩的艺术教育，培养大学生的艺术素养，确保音乐、美术课程的开设齐全且充足，以“艺术素质测评”为着力点，切实提升大学生的艺术核心素养。在教学过程中，应采用启发式教学与个性化教学策略，在传授技能的同时注重情感与理解的培养；在培育大学生审美意识的同时，鼓励大学生勇于创新，发展其审美个性，妥善处理普及与提高的关系。高等院校应面向全体、立足全体、促进全体，积极强化兴趣培养与社团建设，不断促使大学生人人具备特长、个个掌握技能。配合艺术实践、艺术课程的全面普及、艺术社团的重点培养与艺术活动的广泛开展，让全体大学生通过艺术教育滋养丰富的精神世界。在丰富的艺术课堂学习与体验中，满足大学生全面而个性的发展需求，促进大学生艺术素养的提升，为大学生未来的规划与发展奠定坚实的基础。

此外，应实施跨学科融合，践行学科融合理念下的美育渗透，注重以大学生审美体验为导向。课堂教学与艺术存在诸多共通之处，艺术素养的提升不仅局限于艺术类课程，还应通过与非艺术课程的融合来实现。不同的学科拥有不同的审美对象与内容，不仅能培养大学生不同的审美能力与艺术认知、陶冶大学生的情操，而且具有艺术形式的教学方法，还能展现课堂教学的独特魅力，强烈地吸引大学生的注意力与情感投入。

第三节　完善美育机制

随着中国特色社会主义市场经济的发展，社会各领域都出现了新的变化，在党的领导下，朝着中国式现代化的方向发展。中国式现代化要求人的现代化，实现人的全面发展，是物质文明和精神文明相协调的现代化。在这种背景下，高校要注重精神文明建设，提升大学生的审美意识。因此，开展大学美育教育是培育中国式现代化社会个体的重要途径，不仅要使大学生具备良好的审美基础知识，还要提升大学生的审美能力，提升大学生的人文素养，使大学生获得正确的价值取向，丰富大学生的学习生活，使大学生成为中国式现代化的全面自由发展的人。高校要从自身美育实践出发，不断完善美育机制，构建现代化的美育课程体系，为更好地开展美育工作提供必要的支持和依据，保证美育工作的顺利开展。

高校美育工作的进行是有其运行规律的，为了让美育工作有据可循、有规可依，高校要积极构建全面的美育教育体系，健全并不断完善面向人人的高校美育育人机制，让所有在校学生都享有接受美育的机会；提出高校美育工作的总体目标，推动美育教育教学改革，搭建美育相关的场馆设施，为大学生美育创造良好的条件，不断提升大学生的审美和人文素养，构建具有中国特色的社会主义现代化高等学校美育体系，不断培养更多优秀的人才。

审美是大学生综合素质全面发展的重要指标。美育教育可以改善当前教育现状，能够引领大学生建立正确的审美认知，提升大学生欣赏美、发现美、创造美的能力，是促进大学生综合素质全面发展的重要途径和抓手，具体体现在以下两个方面：一方面，通过全面化的美育教育，高校以多元化的美育活动有效协同推进课堂教育、道德教育、体育教育、劳动教育、实践教育等，进而形成教育合力，落实好立德树人根本任务，引导大学生主动追求真、善、美，努力实现知行合一，提升大学生的实际应用能力。另一方面，通过多样化的美育教育，高校将美育理念、美育理论渗入整个教育过程，建立和谐的师生关系，促进教师与学生之间的沟通交流，真正让大学生参与美育过程，培养大学生的创新思维能力、想象力与创造力，满足大学生的审美旨趣与精神追求，让大学生的物质世界与精神世界实现双丰收，综合素质得到全面提升。

美育教育可以培养大学生树立正确的对美的认知，还可以让大学生在审美活动中以发展辩证的思维去看待事物的是非好坏及发展变化，塑造健全的人格，涵养高尚的道德品质。大学生通过系统的审美教育，如文学阅读、电影欣赏、音乐鉴赏、名画赏析等，可以近距离体会艺术作品中蕴含的情感与精神，深刻感悟艺术作品中呈现的人间百态，进而与现实生活进行联系，对自己的言谈举止起到约束、规范与纠正的作用。同时，通过赏析不同的艺术作品，大学生在掌握美育知识的同时，还能深入体会作品的艺术魅力与生命力，净化、洗涤心灵，在提高自身修养的同时构建良好的人际关系，建立起符合社会主流道德标准的审美取向，形成正确的世界观、人生观、价值观。

高校要充分发挥专业优势、资源优势、人才优势，把优秀的传统文化艺术融入日常美育中，加强对传统文化的保护与传承，增强大学生的文化自信，发挥大学美育教育的功能。因此，高校在培养人才的过程中，不但要做好知识的传授，提高大学生的专业能力，让大学生掌握更多的技能，更应该重视大学生美育工作，让大学生承担起文化传承的使命和责任。通过对传统文化的深入剖析，将优秀传统文化进行符合当代审美标准的创新性发展、创造性传承，实现古为今用、以美赋能、以美育人，增强大学美育教育的效果，不断促进大学生成长。美育教育与传统文化的融合具有多方面的作用，可以提升大学生审美素养与人文素养，发挥传统文化的教化作用，为大学生提供有益的指导，帮助大学生继承、发扬中华传统审美观念与标准，赓续中华民族精神，传承优秀的传统文化基因。通过开展优秀传统艺术文化教育，积极开展“三全育人”，有利于开展爱国主义教育，有利于加强思想道德教育。由此可知，通过对传统艺术的审美体验，能够涵养大学生道德情操，厚植大学生家国情怀，让大学生逐渐形成顽强拼搏、艰苦奋斗的精神，增强新时代大学生对国家民族的使命感、责任感与认同感，使传统文化创新发展，体现美育多样化的功能。

高校美育教育内容丰富，尤其在当前社会迅速发展的前提下，为美育工作提供了新的选择。高校要为大学生提供多样性的课外生活，对大学生的情绪进行疏通与引导。在美育教育实施的过程中，高校要打造完善的环境，强化美育教育潜移默化的引导作用，引导大学生树立正确的思维与观念。高校要重视融入现代美育理论，对大学生进行针对性和有效性的指导，有效缓解大学生的压力，释放大学生的不良情绪。另外，高校美育教师要从大学生的实际情况出发，引导大学生保持积极向上、乐观开朗的心态，抵御各种不良思潮，帮助大学生走出困境，提高大学生的学习效率，为大学生营造良好的校园环境，充分发挥美育内在的指导作用，使高校实现高质量、可持续的发展。因此，高校要结合自身美育开展的实际情况，构建完善的美育环境，不断推动美育教育机制的构建。

科学、完善的美育教育制度是高校顺利实施美育教育并取得理想成效的基础。因此，高校必须重视美育教育制度的顶层设计。第一，要建立完善的领导协调机制，保证美育工作的顺利实施。高校要充分发挥领导作用，因地制宜，加强组织领导，完善现有美育工作机制，保证美育各项工作顺利开展。高校应建立健全党委统一领导，教学主管部门牵头，协调内部各自的关系，保证高校内部各职能部门共同参与，明确责任，各司其职，建立更加完善的美育工作机制，充分调动全校的美育资源，形成上下联动、左右协调、齐抓共管的美育教育格局，为美育的开展创造良好的条件。第二，高校要建立美育与专业教育融合的机制，为美育工作的开展提供更多的支撑。在美育开展的过程中，高校可以将美育与其他专业深度融合，加强美育教师与其他教师之间的交流与沟通。在各专业教学中，专业教师要做好课程美育工作，深入挖掘提炼本专业中的美学知识点，将其融入课堂教学，让大学生在专业学习中获得审美体验。第三，高校要建立完善的美育反馈机制，完善大学生美育教育成果展示。美育教育需要重视理论与实践的统一，在丰富学生理论和知识的同时，提升大学生的实际应用能力。因此，高校要根据现有美育的开展情况，坚持因材施教的理念，加强对大学生美育的全面指导，为大学生参与美育提供广阔的舞台，如定期举办大学生音乐会、大学生美术展览等，鼓励大学生展示美育成果，让美育从讲台走到大学生中间，并将美育成果纳入大学生评价体系，让大学生实实在在地感受美育教育带来的成就感、获得感，唯有如此才能使美育教育保持生命力与感染力。在完成每一阶段的美育工作以后，美育教师要进行总结、反思，向学校做好美育效果的反馈，为完善现有工作管理机制提供借鉴和帮助。

美育实践离不开美育理论的指导，美育教育采用的是理论与实践紧密结合的教育模式，美育教师既要具备扎实的美育理论基础，更要有娴熟的美育技巧。高校要整合文学、音乐、美术、话剧、传播等方面的专业教师，开展美育理论研究与美育实践教学。在日常开展美育工作的过程中，高校要组织美育教师定期开展美育教学研讨、美育案例交流、美育考察等活动，练好美育教育“内功”，丰富美育知识和经验，从根本上提升美育教师的教学能力，为开展美育打下良好的基础，提升美育的效果。高校要发挥社会艺术人才的作用。高校在开展美育的过程中，不能故步自封，要积极与外界联系，制订长远的美育交流合作研学计划，为大学生量身定做不同形式的美育活动，定期开展高雅艺术进校园等活动，邀请优秀艺术人才进校开展讲座和表演，与大学生面对面“切磋”艺术，对大学生进行针对性的指导和帮助，提高大学生的审美实践能力。

美育教育的顺利实施需要有完善的课程体系作为支撑。高校在设置美育教育课程体系时，要贯彻美育教育目标，结合学校的实际情况，建立多维度、立体化的美育教育格局。以传统的艺术学科为基础，整合全校学科资源，充分挖掘各专业中的美学知识点，形成较为完备的美学理论知识链，并以此为指导思想，编写美育理论教材，制订科学合理的教学计划，构建美育课程体系，面向全体大学生开放，大学生根据自身的实际情况与需求进行自主选择。在实际的教学过程中，教师要根据学生情况，调整教学目标和教学内容，注重培养大学生的审美能力，陶冶大学生的道德情操，进而开阔大学生的视野，拓展大学生的格局，提升大学生的审美能力。

为了丰富高校美育资源，高校美育要充分利用社会资源，开展不同主题形式的艺术文化活动，邀请专业的团队进行演出。高校要培养学生的学习兴趣，积极鼓励大学生参与演出，营造良好的美育教育氛围，提高大学生的审美能力。高校应积极组织大学生到蕴含美育教育资源的场所进行参观，如博物馆、展览馆、文化馆、名胜古迹及红色教育基地等，让大学生在现实中积极地寻找美、发现美、欣赏美、创作美，强化大学生对美的感受，提升他们的审美意识，使他们以美的心态去感悟生活，提升生活质量，让生活变得更加丰富多彩。高校要深入挖掘地方特色文化艺术和民间艺术，充分利用当地的民俗文化开展美育教育工作，让这些优秀的文化艺术走进校园，丰富大学生的课余生活，加深大学生对地域文化的了解，继承与弘扬优秀的传统民俗文化，比如节庆文化、节日活动等，既能推动当地民俗文化的发展，又能提升大学生的文化素养和文化素质，一举两得。

为了美育教育能够顺利实施，高校要结合现有的美育课程体系，构建科学、完善的考核机制，为美育工作的开展提供保障，及时发现和总结美育开展过程中存在的问题，为后续改进提供重要的指导和帮助。高校在实施美育教育考核时，应该把课堂美育学习与课后美育实践充分结合起来，建立健全课程美育与社会美育双线评价考核，即大学生的美育成绩由课程美育成绩与社会美育实践成绩共同组成。教师在评定美育成绩时，既要看大学生的课堂表现，又要关注大学生的社会美育实践能力，把二者充分结合起来，构建完善的评价体系，对大学生的表现进行客观、合理的评价，积极鼓励大学生在完成美育课程的同时，积极参与社会美育实践活动。这样，既能丰富大学生的课后生活，使其养成良好健康的生活和学习习惯，又能增强大学生的社会美育实践能力，提升大学生的审美认知。

就目前而言，在社会发展的推动下，美育教育正朝着全程化、国际化与信息化的方向发展，具体体现在以下几个方面：第一，全程化就是在美育过程中，教师要坚持全面教育、终身教育的理念，充分发挥大学生的个体作用，把美育教育贯穿大学生的发展全过程，为大学生提供全方位的指导。只有美育全程化，才能不断提升社会审美水平，不断推动社会发展前进，形成良好的社会审美氛围。第二，国际化就是美育呈现出国际化的趋势，各个国家都非常重视美育教育，美育地位不断提升。为了提升美育水平，各个国家相互之间的交流日益频繁，美育也成为连接世界的重要桥梁，尤其在全球一体化的背景下，美育突破了国界，很多国家不断提升美育的地位，不断彰显美育的作用和价值，也为美育的开展创造国际化的条件。第三，信息化就是在高科技发展的推动下，新兴的人工智能、虚拟技术等的应用大大改变了传统的美育模式，使美育不再受地域与时空的限制，把线上教学与线下教学充分结合起来，有效整合现有的美育资源，为美育提供了更多的选择，大大拓展了美育教育的内容与形式。由此可知，在当前社会迅速发展的前提下，高校要结合人才培养的目标，牢牢把握未来的发展趋势，转变美育教育理念，创新美育教育方法，组织特色的美育活动，促进美育教育全方位、多元化、智能化发展，真正让美育能够在大学生教育中落地生根，提升高校美育水平。

构建一流的美育教育体系对高校人才培养有着十分重要的作用，是高校实现自身高质量、现代化发展的内在要求，有利于实现大学生的自由全面发展。因此，高校要从自身美育现状出发，为大学生制定科学合理的美育教育目标，做好顶层设计，优化美育教育课程设置，做好美育教学改革，创新美育教育方式，培育越来越多的高质量人才，提升大学生的中华传统审美意识与现代审美能力，为实现中华民族伟大复兴助力。

第四节　创新美育理念

近年来，高校美育工作逐步深化，美育在高校人才培养过程中发挥着越来越重要的作用，高校美育要严格按照立德树人的任务要求，不断加强学科建设和师资队伍建设、课程体系建设等，积极解决实际遇到的问题，充分发挥美育的指导作用，加强对大学生审美意识的培养。在当前社会经济迅速发展的背景下，社会对人才的要求越来越高，美育的重要性越发彰显。高校美育教师要结合时代发展的要求，不断改变以往的美育理念，融入最新的、最前沿的美育内容，真正发挥美育多方面的功能。

一、加强与艺术学科的融会贯通

传统的素质教育和通识教育更加重视学生综合素养的全面提升，而美育更强调人的审美与人文素养，更重视人情感世界的丰沛和意义世界的建构。德国戏剧家、诗人席勒认为，只有美的观念才能使人成为整体，只有审美的趣味能够给社会带来和谐，只有美才能使全世界幸福。他倡导通过审美教育恢复人的感性，使人的精神性整体达到尽可能的和谐。

当前，在进行美育的过程中，美育教师要结合具体的学情，对大学生参与美育的意愿和情况进行全面的调研，分析他们的审美特点和审美需求，关注时代的发展与社会的进步，进一步丰富美育的基本内容。新科技革命推动了生产力的迅速发展，极大地改变了当前社会的生产方式。在高科技的支持下，部分智力劳动可以被替代，也对传统的知识教育提出了重大挑战。在这种背景下，美育工作能够使人体会到更丰富的情感，提升人的想象力和创造力。美育工作在新文科和新工科等新一轮教育革命中更能发挥其独特的作用。由于新文科建设、新工科建设等强调学科的交叉融合，高校在开展美育的过程中，要关注复合型和创新型人才的培养。作为交叉学科的美育正如蔡元培所言，是“应用美学之理论于教育”(《教育大辞书》)，涉及艺术学、文学、社会学、历史学等诸多学科，需要发挥融合教育的作用。这样的学科属性决定了大学生必须充分融会贯通艺术人文相关学科，必须充分发挥人类文明经典中所蕴含的艺术与人文价值，提升大学生的审美素养，丰沛大学生的心灵情感，激发大学生的想象力和创造力等，真正发挥美育特有的作用和功能。这就需要更新美育理念，厘清美育和艺术教育之间的关系，如古今中外的经典名著、传世的经典名画、极具特色的传统戏剧、经典的影视作品及特色的传统非遗等，要充分发挥整体性美育的作用，防止出现片面追求的问题，避免进入单纯追求美育知识化和技能化的误区，要融合人文历史和艺术哲学，体现出不同的艺术特色；特别是要将美育的理念与方法贯穿全部育人活动，使大学生在学校、家庭和社会等全部场域中获得愉悦的审美情感体验，让当代大学生能够真正获得艺术人文之美的浸润和感悟，不断提升文化理解能力和艺术审美能力，彰显出新时代大学生的风采。

美育要紧跟时代发展的要求，与时俱进，真正发挥美育在人才培养中的作用。美育在中华民族伟大复兴的征程中具有重要的时代意义。要创造出无愧于伟大民族、无愧于伟大时代的优秀作品，必须弄清艺术应该反映什么、怎么反映、反映的方式是什么。艺术应该书写和记录社会实践、时代要求，彰显信仰之美、崇高之美，弘扬中国精神、凝聚中国力量，充分发挥美育激励之美，提升美育现有水平。新时代美育作品既应该体现在凝聚了国家梦想、社会理想、人民期待的社会主义核心价值观指引下的中国特色社会主义生产生活实践；又应该反映深蕴其间，以爱国主义为核心的民族精神、以改革创新为核心的时代精神；还应该反映中华五千年文明发展的辉煌历程，包括中国共产党领导人民进行革命、建设、改革的伟大历程，融入“四史”教育，帮助大学生树立正确的价值观，其中思想精深是对反映内容的基本要求。第一，艺术家要打造艺术精湛、制作精美的艺术作品。只有以精益求精的技术技巧，辅以设计、制作、打磨，才能创作出令大众喜闻乐见的艺术精品，为人们提供高水平的享受。第二，在具体反映方式上，既不能形式大于内容，也不能刻板守旧、墨守成规，影响艺术的长远发展。在具体表现方式上，不拘于一格，不形于一态，雅俗共赏，对学生进行全面的指导。教师要充分利用互联网技术，并在利用好传统艺术表现形式的基础上，充分认识和把握艺术表现形式变革的新机遇，提升美育水平，不断推动现有美育课程出现新的变化。第三，针对艺术所要反映的现实中“不尽如人意之处”及“丑恶现象”，艺术作品不应只是丑恶现实的反映，作品应该着力塑造光明驱散黑暗、美善战胜丑恶、理想照亮现实的艺术形象，不断推动社会的良性发展。

二、发挥艺术教育的输出与引领作用

美育与艺术教育有着密不可分的关系。作为美育的艺术教育，主要是指面向全体学生，以鉴赏和体验为主，不断发挥内在的引领作用。高校需要持续发挥好艺术教育的输出与引领作用，建构整体性的新时代大美育体系，丰富美育内容。

作为创造美、传播美、引领时代审美风尚的使者，高校在开展美育的过程中，要充分发挥在艺术审美趣味、文化涵养、价值追求等方面的示范引领作用，结合专业课程建设，使大学生具有深厚的审美与人文素养，从而更深刻地领会艺术作品中所蕴含的伟大襟怀和高旷格调，提高大学生的精神境界，习得“大美之艺”，给人以美的享受，成为能创造美、会传播美的高素质人才，造就一支能够推动美育事业发展的生力军，真正发挥美育的重要作用，重点发挥艺术教育的输出与引领作用，培养大学生良好的美育理念。

从目前学校美育的实际来看，开展美育工作往往是得心应手的，并且符合大学生的身心发展。这些高校具有强烈的社会美育意识，会充分发挥自身专业和资源的优势，不断推广美育工作。但需要注意的是，目前所取得的成绩也离不开其他教学育人单位的配合。管理部门应充分发挥协同作用，形成美育优势资源共建共享、文化艺术活动充分交流的整体性大美育工作体系，极大地推动新时代美育事业，真正不断扩大美育范围，提升美育的效果。例如，美术类院校的写生与展览、表演类院校的采风与演出，完全可以在更广阔的天地间、更广泛的群体中去展开；而各地各类的美术馆、博物馆、非遗传承馆和历史名胜、文物古迹等，都可以成为学校开展艺术体验和实践类课程的美育大课堂。

三、因地制宜开展学校美育

新时代美育工作强调面向全体学生，必须充分尊重学生的个性化需求，坚持因地制宜的原则。针对不同地区、不同专业类型的学生，美育课程设计不能简单地将传统通识课程、校园社团和文艺活动等同于美育，而应高度重视地域和学校的自然条件与人文历史资源。应将生态之美、非遗之美和艺术人文之美等融合起来，结合实际情况，打造各具特色的美育课程。为此，需从高校办学定位、人才培养目标等实际出发，以《高等学校公共艺术课程指导纲要》中的三类课程为基准，构建完善的美育课程体系。应充分利用高校的优势资源，开发具有地域文化特色、高校专业特色的美育课程，为大学生提供更加科学的指导。例如，高校可结合自身美育优势，组织多样化的文艺活动，不断提升大学生参与美育的积极性。如清华大学的话剧《马兰花开》、北京大学的新生音乐会等，均生动展现了民族精神与家国情怀，为大学生上了一堂生动的美育课。

作为学校教育的典型方式——美育，高校应不断加强和改进美育方式，打造特色美育品牌，邀请专家、学者对学生的美育活动进行专业指导，以更好地开展美育活动。美育工作的关键不在于艺术技能的培养和艺术知识的传播，也不在于抽象的艺术美的教学，而在于教育人，培养出优秀的美育人才。因此，立德树人成为美育的根本目标与任务，高校美育教师应以此为标准，积极开展多种形式的美育活动。

在美育活动过程中，美育并非简单的逻辑图示与道德说教，也非机械地让学生学习抽象的美育理论，而是反映现实生活中真善美的艺术形象。这种艺术形象体现了艺术作品的独特性和共通性，成为相互理解、沟通心灵的世界语言，为学生与艺术品之间架起桥梁。通过针对性的美育，能够触动大学生的情感，并使其感受到快乐。这种快乐并非生理欲望满足的快乐，而是精神充实的快乐，包含并超越了悦耳悦目、悦心悦意，是最终悦志悦神的精神快乐。以感官欲望的满足为特征的低俗文艺作品不仅是对文艺的一种伤害，也是对社会精神生活的一种伤害。美育中艺术的内容并非虚空，而是充实且接地气的，应符合当前大学生的审美要求，能提升大学生的审美意识，使大学生树立良好的美育观念。从中国传统文化的角度来看，艺术的形式与内容密不可分，也需紧密联系。应旗帜鲜明地反对只讲形式而不讲内容的艺术形式，真正将美育的内容与形式融合起来，以提升美育效果。美育并非脱离现实社会生活的“纯艺术”，而是必然反映中华民族伟大复兴征程中的人民艺术、传统艺术、时代艺术和高尚艺术，不断发挥美育应有的作用。美育既可作为普及性的艺术驾驭，与德育、智育、体育、劳动教育“五育并举”，也可作为一种教育审美的理念与方法，充分应用于大学生人才培养过程中。

与高校开展的传统素质教育和通识教育相比，美育的载体和路径更为广泛，涉及内容更多，涉及群体也更多。例如，教师可以组织大学生参与艺术经典作品的鉴赏活动、文化艺术活动，增强大学生的参与体验；还可以带大学生游览自然景观与历史名胜等，为大学生提供更加丰富的体验。

四、坚持以人民为主体的美育理念

人民美育工作深受中华传统文化中的民本主义思想启迪，这一思想为我们开展美育工作提供了重要的指导和帮助。《尚书》有云：“民为邦本，本固邦宁”，意指民众乃国家之基石，民众安定则国家安宁。老子亦言：“圣人无常心，以百姓心为心”，强调圣人应顺应民心，不以己意强加于民，而应以民众之心愿与利益为重。孟子则提出“民为贵，社稷次之，君为轻”，主张民众地位至高无上，国家次之，君主则居末，彰显人民在国家构建中的核心地位。魏征亦云：“水能载舟，亦能覆舟”，比喻统治者如舟，民众如水，水能载舟亦能覆舟，强调了民众力量的重要性。在长期的历史发展过程中，这些思想逐渐凝聚成为传统民本主义思想。而马克思则认为，人民群众是历史的创造者，是推动社会进步的重要力量，人民性是马克思主义最鲜明的特征之一。在高校美育工作中，我们必须坚持美育的人民性，不断提升美育指导的地位，以更好地推进美育工作。

人民是美育作品的创造者。这要求我们在美育作品创作过程中，必须充分满足人民的审美需求。在中国特色社会主义现代化建设的伟大实践中，人民既是物质财富与精神财富的创造者，又是以美的方式总结历史、讴歌时代、铸就艺术精品的主体。人民不仅是美和艺术的创造者，还是美和艺术的创新者。文艺的一切创新，均直接或间接源自人民。在新时代，我们应始终保持与人民的紧密联系，铭记人民是艺术的创造者，努力克服在美和艺术的创造领域存在的虚无主义、享乐主义、形式主义、技术主义等问题，这不仅是打造艺术精品的需要，更是美育工作的必然要求。

人民不仅是历史的“剧中人”，更是艺术表现的主体。作为历史的创造者、推动者，人民在中国革命、建设、改革过程中发挥着举足轻重的作用。因此，美育作品应体现人民性，让人民群众成为美育的主角。准确把握人民创造历史的波澜壮阔图景，深刻反映其中的成与败、悲与喜、善与恶、美与丑、真与假，是古今中外优秀艺术作品的共同特征。但人民并非抽象的符号，而是有血有肉、有梦想、有内心冲突的个体。人民在生产生活中创造历史、创造未来，只有表现这样实践者的艺术作品，才是新时代真正的艺术，才能实现立德树人的美育价值。

人民是文艺的鉴赏者和评判者。艺术在本质上是为人民服务的，艺术鉴赏的主体是人民，必须充分发挥人民的主体作用。艺术鉴赏的过程实际上就是美育的过程，因此作为鉴赏主体的人民也就是美育对象。马克思认为，实践为对象创造了主体，“艺术对象创造出懂得艺术和能够欣赏美的大众”。因此，美育要面向大众、面向社会，开展全员美育，提升人们的审美素质和素养。美育作品应针对美育对象，教师要结合实际情况，不断融入多种形式的美育作品，为学生提供更加直观的指导。同时，美育应通过人民对其作品的评判，促进美育作品创造水平的提升。通过人民的美育鉴赏和评判，既提升人民的审美素养，又提高了美育作品的质量，进而提升美育效果。

新时代的美育观应重视美育的人民性、时代性、有效性，要充分发挥马克思主义的指导作用，结合时代发展的要求，开展多种形式的美育工作。这对于加强和改进新时代美育具有重要的理论与实践意义。因此，高校应立足于大学生未来发展，建立常态化美育工作机制，推动美育工作的常态化发展，提高美育工作的质量和效益，促进人们的全面发展，为美育工作的长远发展作出贡献。

第五节　探索美育格局

一、明确美育育人目标

高校在推进素质教育、构建美育育人新格局的过程中，要制定明确的育人目标，加强对美育过程的指导，不断培养高质量的美育人才，为后续美育提供全方位的指导，提升美育的效果。美育育人目标是提高大学生的审美标准与情趣，通过美育推动大学生综合素质的发展。特别是在“三全育人”理念下，高校的美育育人目标要与思想政治教育相结合，通过社会主义核心价值观的引领作用，让大学生感受社会主义的美，如文化美、制度美、形象美，提高大学生的民族自豪感与使命感，做一个敢于承担中华民族伟大复兴大任的时代新人。因此，高校教师要结合美育育人目标，围绕社会主义核心价值观开展美育，构建课程思政教学体系，以此来加强大学生的责任意识、使命意识与爱国意识，帮助大学生树立伟大的人生理想，为大学生发展提供全面的指导。比如，在通识教育类的舞蹈选修课中，除了传统的古典舞蹈，教师还可以融入西方的舞蹈知识，如世界上著名的舞蹈家，西方舞蹈的历史、文化背景、艺术特色、发展脉络，不断扩大大学生的美育视野，阐述各类舞蹈蕴含的美学价值和思想内涵，并增加红色舞蹈赏析内容，在提高学生审美意识的同时，完成美育育人目标，提升美育的针对性和有效性。高校要不断总结经验，在美育开展的过程中，坚持“五育并举”的理念，为国家和社会培养出优秀的美育人才。高校教师要坚持与时俱进的理念，不断优化教学理念和教学内容，在美育过程中积极融入最新的美育内容，注重美育育人的实效性和延展性，充分发挥美育在大学生中的指导作用，通过美育引导大学生树立创新意识，提升大学生的美育实践能力。

二、构建人才培养体系，优化人才培养过程

随着互联网技术的发展，各个国家的交流日益频繁，经济和文化的多元化发展使审美呈现多元化趋势，对人才培养的要求越来越高。高校在实施美育育人的过程中，要根据时代发展需求的变化构建符合其自身需要的美育育人新格局，构建完善的人才培养体系，优化人才培养过程，提升美育效果。

（一）不断发挥美育课堂的指导作用

高校要完善自身的美育体系并进行延伸，在培养艺术相关专业大学生审美能力的同时，将审美教育体系推向全校园，形成行之有效的美育课程体系。教师要根据不同专业的大学生积极开展美育工作。对于艺术专业的学生来说，他们因为奠定了美育思维的基础，更容易掌握美学知识和技能，从而更容易提升自身的美学素养。但是，对于其他专业的学生来说，教师要深入挖掘美育教学内容，充分发挥美育教育的延伸性，将美育融入其他课程的教学过程中，实现美育课程与课程美育的结合，潜移默化地影响大学生，积极引导大学生审美人格的建立，培养大学生的创新精神。因此，在新时代，为了适应当前社会经济发展的要求，高校要从大学生的实际情况出发，结合美育目标，不断延伸美育课堂，丰富教学内容，为大学生提供全方位的美育指导。

（二）构建美育育人的实践平台

为了提升大学生的美育实践能力，高校要为大学生量身定做实践美育平台，为大学生提供丰富的实践机会，要打造校内平台和校外平台，为大学生提供实践层面的美育指导。第一，校内美育实践平台主要是作为课堂教学的延伸，通过丰富的校园文化实践活动培养和提高大学生的艺术鉴赏能力，让大学生更直观地感受艺术的魅力，从而提高大学生对美的认知与理解，塑造大学生的精神人格。比如，高校可以充分发挥大学生的主体参与作用，让大学生自己组织数字音乐节、

舞蹈节、美食节、绘画节、轮滑节等，让更多的大学生参与进来，丰富大学生的体验，提升美育实践的效果，提升大学生美育创新能力。第二，搭建校外美育实践平台。高校要加强校企合作，与企业建立长期的合作关系，结合自身育人的目标，推动学校美育与校外机构的融合，真正改变以往单一的美育实践，为大学生提供更加良好的指导，为大学生提供多元化的艺术实践基地。在构建校外美育实践平台的过程中，高校要发挥自身的专业优势和理论优势，结合不同行业的发展趋势、社会对人才的需求，在充分做好调研的基础上，组织个性发展，积极调整人才培养策略，发挥多方合作的优势，进行有针对性的美育创新改革，构建有针对性的美育实践体系，为培养时代新人助力。

三、完善美育评价机制

为了进一步提升高校美育的效果，高校要建立完善的美育育人评价机制，真实、准确、客观地反映美育课程，制定有针对性的措施进行相应的改善与优化，提高美育育人的实效性。基于此，高校要完善美育育人评价机制，以多元化的评价推动美育育人的发展。第一，高校要对评价主体进行优化，充分发挥出大学生的主体参与作用，将艺术类专业课教师、公共艺术课教师、其他专业课教师、社会美育工作人员、校外文化机构负责人、学生及家长等均纳入评价主体的范围内，保证评价结果的全面、客观。第二，高校要科学、明确地制定评价指标。高校要结合美育标准，选择适合本校学生美育的评价指标，教师可以将学生在课堂中的表现、对知识的掌握、审美能力、思想道德、价值观、社会实践等纳入评价体系，让评价指标更加丰富立体，从而对学生进行客观、合理的评价。第三，高校要创新评价方式。高校要不断总结国内外的美育评价经验，认真贯彻实施国家各项规定和政策，应用过程性评价与结果性评价相结合的评价方式，对学生进行全面的评价，更好地突出美育育人的过程，及时地发现教学过程中的不足，然后采取措施及时地改进与完善，提高美育育人的效果。

在新时代，高校美育有着更为明确的育人导向，为了充分发挥美育的作用，需要不断提高学生的综合素质，实现立德树人根本任务，完成既定的美育目标。现阶段。高校的美育育人发挥着重要的作用，取得了一些成就，为大学生提供了高质量的美育。但是，随着时代的发展，高校的美育工作也需要不断地优化创新，以满足时代发展的需求。因此，构建新时代高校美育育人新格局就显得势在必行。高校要明确美育育人的目的，构建完善的人才培养体系和评价机制，对大学生参与美育进行合理的评价，以此建立长效的美育育人机制，为后续开展大学生美育提供良好的指导。

四、构建以美育人的格局

为了适应当前社会发展的需求，高等院校在实施美育教育的过程中，需着重提升学生的美学认知与理解，并培养他们践行社会主义核心价值观的能力。然而，由于各高校对美育培养的重视程度及方式方法的不同，美育实施的效果呈现出较大差异。在互联网技术的推动下，大学生接触信息的渠道和方式更加多样化，易受到西方思潮的影响和外界诱惑，这使加强大学生美育教育显得尤为重要。

高等院校在构建以美育人的体系中，应始终坚守立德树人的教育宗旨。通过强化审美教育和艺术教育，提升大学生的审美能力，培养他们发现美的眼光、观察美的意识以及实践美的能力。同时，要引导大学生树立与时俱进的观念，坚持用发展的眼光看待美育，并培育他们的创新意识。

在融媒体时代背景下，高等院校美育工作需结合实际情况，转变教育模式，制定更为高效的美育教学方法，创新美育实践路径，以提升大学生的审美水平，构建良好的以美育人的格局，为大学生的未来发展奠定坚实基础。具体而言，高等院校可从以下两个方面着手：

第一，优化美育课堂形式。高校教师应充分利用现代信息技术手段，如图文、视频、AR、VR 等，以满足当前学生对于美的需求。探索构建网络化的课程教学模式，提升课堂教学内容的生动性，增强审美教育的有效性。利用丰富的网络艺术资源，打造视听交互式的教学课堂，切实优化大学生的情感体验和思维状态。积极开展公共艺术教育微课展示，培育和建设一批高质量的美育精品课程，扩大优质课程的覆盖面。因此，高校美育教师应充分融入现代信息技术，从大学生的实际需求出发，不断探索全新的课堂教学形式，为大学生美育提供更加丰富的指导和帮助。

第二，探索美育的新型教学方式。高等院校应充分利用网络新媒体的特点，将课内与课外美育教学有机融合，打造视听交互式的教学课堂。通过大量的教学实践，引导大学生从“被动接受”转变为“主动探索”，培养他们的主动参与意识。让大学生在课堂上认识美、体验美，获得良好的情感体验；在实际生活中发现美、创造美、表达美。大学生作为融媒体最积极的参与者、创作者和传播者，应让欣赏美、创造美自然融入他们的学习和生活，使他们能够随时随地参与美育过程，从而提升高校美育的实际效能。例如，充分发挥各高校融媒体中心的功能，结合重大活动和艺术展演，组织学生拍摄制作短视频，并发布到网络平台上。在展现艺术魅力的同时，通过广泛传播提升美育教育的效果。高等院校应创新美育的形式和方式，因地制宜，不断探索符合自身人才培养需求的美育途径。

综上所述，为了给当前大学生提供良好的美育指导，高等院校应坚持因材施教的理念，从大学生的实际情况出发，创新教育教学方法，不断探索新型教育模式，加强对大学生的美育指导，构建新时代高等院校美育育人的新格局。

第六节 构建美育课程体系

美育课程体系对美育工作的开展产生了十分重要的影响。为了满足当前美育教学的需求，高校要构建美育课程体系，不断挖掘美育内在的规律和本质，加强对大学生的指导，不断健全大学生的人格，促进大学生的健康发展，培养大学生良好的审美情趣和审美素养，提升大学生对美的欣赏力、鉴赏力及创造力，形成良好的思想品德和行为习惯，促进大学生的全面发展。下面就如何构建美育课程体系展开论述：

一、满足新时代发展需要

审美教育融入了情操教育与心灵教育的内容，能够提升大学生的道德情操和行为素养，高校要结合新时代发展要求，在充分遵循大学生身心发展规律的基础上，以美育人，以文化人，“五育”融合，构建完善的大学生美育课程体系，为大学生进行科学合理的指导。

二、体现高校美育特色

高校要结合当前时代发展的要求和美育目的，立足于美育的本质，坚持立德树人这一根本任务，不断净化大学生的心灵，陶冶大学生的情操，健全大学生的人格，充分考虑大学生的群体特征和心理特征，组织丰富多样的美育实践活动，充分调动大学生参与美育的积极主动性，让更多的学生能够真正参与进来，有效体现高校美育特色，为学生提供良好的指导。第一，高校要认真落实2020年中共中央办公厅、国务院办公厅印发的《关于全面加强和改进新时代学校美育工作的意见》，真正地把美育实践扎根中国大地，体现中国特色，弘扬优秀的传统美育精神和美育文化，深刻体会我国特有的审美情怀，如体会意境美、格调美、色彩美、风骨美等，丰富学生的美育情感，让学生从心理上获得触动，不断解放情感，获得文化上的滋润和良好的情感体验。第二，高校在进行美育的过程中，要坚持立德树人的根本任务，充分发挥社会主义核心价值观的引领作用，通过多种形式的美育课程，不断感化学生、激励学生，从而实现新时代美育课程体系的构建。高校要坚持“大美育观”，建立校内外协同美育机制，充分利用校内美育资源和校外美育资源，加强美育工作的系统性和联动性，形成合力，然后积极鼓励学生参加多种形式的社会美育实践，充分感受美的力量，提升美育的效果，真正体现不同的美育特色。

三、设计多样性课程

通过分析大学生的美育目标可以发现，美育涉及多方面的内容，因此，高校要开设多样性的美育课程，如美育理论课程、艺术鉴赏课程、美育实践课程，优化美育内容设计，进一步丰富大学生参与美育的体验，不断提升大学生的美育意识。

（一）完善美育理论课程

美育理论课程在整个美育课程体系中发挥着重要的指导作用，涉及审美修养、美育概论及美学原理等，尤其是与美育相关的文化、历史、评论、艺术等知识，具体涉及美的本质、形态、范畴及表现形式等，主要是为了培养大学生的各种思维，培养他们良好的审美意识和审美能力。在日常生活中，大学生要积极追求美、享受美和创造美，把美真正地传递下去，逐渐建立良好的美的氛围。美育理论课程主要为了指导大学生把学到的美学理论应用到具体实践中，利用不同的审美方式、审美技巧，发现自然、社会、生活中的各种美，指导大学生结合专业课程开展特色的审美实践活动，从而形成健康向上的审美观念和情趣，不断美化大学生的心灵，健全大学生的人格，塑造良好的大学生形象，彰显不一样的气质，帮助大学生就业，提升他们内在的核心竞争力，实现全面和谐的发展，帮助大学生享受美丽、激情、丰富的人生，激发大学生参与美育课程的积极性，让大学生的人生更加精彩。

（二）开设艺术鉴赏课程

为了增强大学生的艺术体验，在构建美育课程体系时，高校要开设专门的艺术鉴赏课程，提升大学生的核心通识能力。第一，开设鉴赏理论类课程。在中国传统美学课程中，教师指导大学生学习中国古典诗歌、古典音乐、古典舞蹈及古典美术等，培养大学生良好的艺术素养。以李泽厚先生的《美的历程》为例，大学生可以学习我国古代艺术和审美文化的发展历程，了解悠久的中华艺术史，充分感受内在的人文内涵和美感。高校还可以开设“现代艺术思维”课程，培养大学生良好的艺术思维，真正提升大学生的审美意识，结合具体的美学案例，去了解、学习现代艺术思维、艺术语境，充分认识现代艺术对人们生活的影响，提升大学生对美育的个性表达能力。第二，开设鉴赏类课程，涉及音乐、影视、建筑、文艺、美术等。教师可以结合不同专业的大学生，为大学生提供不同领域的艺术作品，指导大学生进行鉴赏，不断培养大学生良好的审美情感，不断培养大学生的艺术思维和良好的审美判断力，使大学生真正了解文化艺术的内涵，充分感受不同的艺术作品的魅力。高校要充分挖掘地方性特色鉴赏类课程，不断培养大学生的文化自信，使大学生充分感受极具特色的传统艺术形式，指导大学生不断剖析特色艺术，培养大学生审美个性，在传承地方优秀文化艺术的同时，提升大学生的艺术鉴赏能力，深化大学生对鉴赏类课程的理解，更好地为大学生提供更多的帮助和指导。

（三）设计美育实践课程

为了真正提升学生的实际动手能力，高校还要开设美育实践类课程。为了提升大学生的艺术鉴赏能力，高校要结合大学生的审美需求，开设相关的实践类课程，如让大学生参与舞台表演艺术，增强大学生的切身体验，培养大学生对艺术作品的判断力、表现力及创造力，提升大学生的审美鉴赏水平和艺术思想境界。在美育过程中，高校要重视大学生养成良好的气质与修养，提升大学生的气质与素质。为了满足大学生的实际审美需求，高校还可以开设大学生艺术工作坊，提升美育鉴赏课程的吸引力，邀请不同艺术形式的专家与学者对大学生予以专业的指导，营造大学生参与美育鉴赏的真实情境，加强师生之间的互动，加强分工合作，不断让大学生充分地参与美育鉴赏实践，激发大学生的灵感，提升大学生的创新能力和意识。

四、不断加强美育师资建设

为了提升高校的美育指导水平，高校需要建立一支专业的师资队伍，提升教师的综合能力和素质，营造良好的美育氛围，不断探索最优的美育路径，促进学生成长成才。

（一）满足美育教师基本能力需求

在新时代，高校美育工作出现了很多新的变化，对美育教师的要求越来越高。为了适应当前美育教学的新要求和新标准，高校在培养优秀美育教师的过程中，要充分做好调研工作，认真分析高校美育教师的接班需求，进行有针对性的培训与培养，提升教师的综合应用能力，为后续工作的开展打下良好的基础，不断弥补以往工作中存在的不足。第一，高校要营造良好的美育氛围，结合美育开设的基本情况，全面做好后续美育教师的培养，做好人才的筛选和储备，提升他们主动参与美育培训的积极性，提升美育的效果，便于后续美育工作的顺利开展。第二，在进行美育教师培养的过程中，要充分认识美育的长期性和艰巨性，不断引进最先进的美育内容和美育理论，加强对美育教师的全面指导，指导美育教师按照教学要求开展各种形式的美育活动，切实提升美育效果与美育质量。第三，高校要营造良好的美育氛围，结合美育教师的发展需求，制订科学合理的发展指导计划，在尊重教师不同需求的基础上，予以指导和帮助，让教师能够全身心投入美育工作中去，不断为学校培养更多的高素质人才。

（二）组织一支新型的美育师资队伍

为了适应新时代的要求，高校要不断加强技术、资金及人才等方面的投入，挑选优秀的美育人才，组织一支专业的师资队伍。一方面，高校可以从现有的师资队伍中挖掘美育新生力量，如可以整合思想政治教师资源，做好对思想政治教师的培训，提升他们的美育教学能力，充实美育师资力量，为后续教学工作的开展打下良好的基础；另一方面，高校要制订长远的美育人才培养计划，不断引进先进的美育人才，结合新时代对美育人才的要求，与时俱进，打造一支新兴的美育团队，从而优化美育师资结构，不断提升美育效果与美育质量，满足美育教学的实际要求。基于此，高校要坚持“引进来”和“走出去”的美育师资培养方式，既要在学校内部培养优秀的人才，又要引进先进的、高素质、专业的美育教师，提升高校美育质量。

（三）做好美育教师的培训

高校要从美育开展的实际情况出发，不断采用现代化培训理念，不断培养更多优秀的美育教师，保证美育工作的顺利开展。第一，要重视教师美育理念的转变，指导美育教师充分认识美育工作的重要性，坚持与时俱进的理念，不断融入最新的美育理论，丰富教师的美育知识，提升教师的美育理论水平，实现更好的发展，让更多的教师真正参与美育工作。第二，不断采用先进的培训方法。在互联网技术的支持下，师资培训方式也出现了重大的变化。高校在对美育教师进行培训的过程中，可以采用线上和线下融合的方式，提升了美育的培训的效果。第三，高校美育培训专家要重视对教师美育素质的提升，提升教师美育意识，采用各种讲座形式，为美育教师提供全面的指导，为后续美育工作的开展打下良好的基础。第四，高校要不断提升美育教师的综合素养。由于美育教学涉及多方面的内容，为了满足实际教学的需求，高校要加大“国培”“省培”“市培”“校培”力度，采用全员参与培训的方式，建立现代化的美育协同培训基地，不断实施美育浸润计划，加强不同高校之间教师的互动与交流，积极开展多种形式的美育评比活动，不断提升美育教师的基本技能。第五，高校要加强教师融媒体专业建设。在高校美育建设和发展的过程中，教师团队的专业能力水平对整体的美育工作成效起着决定性的作用。在融媒体时代，美育教师除了具备美育专业教学能力，还应掌握更多的先进信息技术，了解最新的网络美育资源信息，结合具体的教学内容，将其应用于教学过程中，开展更好、更丰富、更具吸引力的美育教学活动，促进高校美育效果的提升，不断丰富大学生的业余生活。

五、制定长远的美育课程规划

高校要立足于自身美育教学实践，制定完善的未来改革发展规划，为后续美育工作的开展提供科学的指导和帮助。第一，做好美育课程一体化衔接，充分发挥协同育人机制，构建融“大、中、小、幼”为一体的美育课程体系，结合不同年龄段学生的身心特征，建立层次分明、循序渐进、相互衔接的美育课程体系，明确不同阶段的美育目标，确定大学生的审美追求定型期，不断培养大学生的审美自觉，提升大学生的文化自信心，在追求高尚审美追求的同时，实现自己的人生价值。第二，要优化未来美育课程结构。在未来美育开展过程中，高校可以采用融合互嵌的方式，不断完善学校美育课程结构，推动学生德、智、体、美、劳全面发展，既要发挥美育课程的指导作用，又要挖掘不同课程的美育资源，实现教学上的优势互补，潜移默化地感染学生，从而培养大学生的语言美、心灵美、行为美、勤劳美、体育美、健康美等，使大学生树立正确的生活态度，产生融合教育的作用，让美育在日常教学中落地生根，不断培养新时代大学生。第三，积极构建网络美育课程。在美育过程中，教师要利用好这些技术便利来开展美育工作，引领大学生树立正确的审美观念、陶冶高尚的道德情操、塑造美好心灵，培养德、智、体、美、劳全面发展的社会主义建设者和接班人。随着互联网传播技术的发展，新的教育手段和方式日益丰富，为美育提供了更多的选择，利用融媒体技术，可以构建特色的网络美育课程，不断培养大学生的艺术创造力和想象力，适应时代发展的要求；可以打造虚拟美育教学情境，增强大学生的体验感，更容易让大学生接受。网络传播技术的应用可以搭建良好的美育平台，丰富美育课程形式，如微课、慕课、尔雅通识课等应用，可以不断扩大学生的知识面，构建“沉浸式”课堂，不断丰富美育课程资源，不断提升大学生的美育鉴赏能力，培养大学生健康向上的美育观念。

总 结

高校在开展美育工作的过程中，要坚持立德树人，遵循新时代美育规律，弘扬中华美育精神，让大学生健康成长。教师要引领大学生树立正确的审美观念、陶冶高尚的道德情操、塑造美好的心灵，培养德、智、体、美、劳全面发展的社会主义建设者和接班人。

随着知识经济时代的到来，社会发展对人才的要求越来越高，用人单位急需具备综合应用能力的人才。为了满足社会发展的要求，高校在进行专业人才培养的同时，要不断融入美育理念，构建特色的美育课程，为大学生参与美育提供全方位的指导，以更加包容和开放的方式，不断培养有理想、有追求、有道德、有担当、有行动的高素质人才，实现既定的育人目标。美育在高校人才培养过程中发挥着十分重要的作用，能够健全大学生的人格，指导大学生求真、向善，促使大学生追求美好的事物，提高大学生的审美素质和思想境界及道德修养，陶冶大学生的情操，净化大学生的心灵，真正激发大学生参与美育的积极性和内在的创造力，使大学生掌握更多的美育知识，为以后的人生道路提供有益的指导。

高校要按照国家规定和要求，结合学生未来的发展，立足于学校美育开展的基本情况，为学生构建全方位的、立体的美育教学环境，构建有针对性的美育课程体系，为广大的大学生提供有效的指导和帮助。高校要坚持以美化人的理念，充分认识美育的作用，对大学生美育进行科学、合理的定位，科学、合理地构建美育课程，深化学生对美的认知，传承真善美，为大学生成长提供源源不断的动力，启迪大学生的智慧，更新大学生的观念，让大学生树立正确的价值观，培养学生对美育的兴趣。高校要以美促美，不断发挥美育的指导作用和熏陶作用，重视各种美育内容的融入，培养学生良好的品质，使大学生认识美、发现美、感悟美、创造美等，真正把美育与人才培养结合起来，培养高素质的大学生人才。高校要坚持各美其美、美美与共的理念，健全大学生人格，对大学生的“知情意行”进行全面的指导，让大学生树立正确的观念，培养大学生健康的情感态度，自律自强，创新特色的校园文化，真正提升大学生的审美素养，升华大学生的人格。在美育过程中，教师要利用新媒体技术和网络技术来开展美育工作，引领大学生树立正确的审美观念、陶冶高尚的道德情操、塑造美好的心灵，培养德、智、体、美、劳全面发展的社会主义建设者和接班人。

蔡元培先生在《美学原理序》中说："爱美之心，人皆有之。"因此，高校美育要从大学生的审美需求出发，结合不同专业学生的实际情况，把美育课程与课程美育充分结合起来，帮助大学生实现更好的发展，掌握适合大学生的审美方法。大学生要具备正确的审美意识和审美观念，获得更加丰富的情感体验；大学生要掌握科学的审美方法，坚持正确的审美立场，可以选择不同角度进行审美，提升自己的审美能力；大学生要积极参与学校组织的美育实践活动，不断增长自己的见识，提升自己的审美能力，不断发现自然和社会中的美，丰富自己的人生，让生活变得更加丰富多彩。

参考文献

[1]李泽厚 . 批判哲学的批判：康德述评 [M]. 北京：北京联合出版有限责任公司，2024.

[2]陈锐 . 美育与艺术鉴赏 [M]. 南京：南京大学出版社，2022.

[3]王勇 . 大学生体育美育社会化新探 [M]. 北京：中国人民大学出版社，2022.

[4]于海明 . 高校钢琴与美育教学研究 [M]. 北京：新华出版社，2021.

[5]高山 . 美育与大学生心理健康教育融合的研究——以合唱活动为例 [J]. 内蒙古财经大学学报，2023，21（4）：15–17.

[6]刘璐 . 高职大学生美育教育的融合式教学研究 [J]. 公关世界，2023（13）：118–120.

[7]李蕙 . 高校公共艺术鉴赏课程对大学生美育素养的提升研究 [J]. 大众文艺，2023（14）：126–128.

[8]吴谦 . 大学生美育素养与思想政治教育融合育人的实践探索 [J]. 世纪桥，2023（7）：65–67.

[9]张梅 . 课程思政理念下大学美育课程的育人路径实践研究 [J]. 秦智，2023（7）：136–138.

[10]高文，吕蓓，张笑寒，等 ."大学美育"课堂革命探索与实践 [J]. 山东电力高等专科学校学报，2023，26（3）：11–13.

[11]赵伶俐，经刚 . 美育评价智能化平台与实验教室建构——基于美育教学与美感体验过程 [J]. 华东师范大学学报（教育科学版），2023，41（6）：92–107.

[12]陈佳铭，王建英 . 传而承之：大学生生态美育的现实困境与发展路径 [J]. 中北大学学报（社会科学版），2023，39（4）：103–108.

[13]何茜，余雁君 . 学校美育改革的政策要求与实践逻辑——兼论"开齐开足上好美育课"的内涵价值 [J]. 全球教育展望，2023，52（5）：15–24.

[14]赵婧一，杜延伟 . 高校艺术团在高校美育教育中的实践路径探析——以吉林大学大学生艺术团为例 [J]. 中国多媒体与网络教学学报（上旬刊），2023（5）：104–107.

[15]李红，胡成洋，陈文苑．基于超星学习通的《大学美育基础》信息化学习能力及影响因素调查 [J]. 池州学院学报，2023，37（2）：153–156.
[16]王会，高峰．新时代美育融入大学生思想政治教育的路径研究 [J]. 才智，2023（12）：53–56.
[17]杨西惠，梁玮，傅超．理工科大学生美育素养提升路径探索与实践 [J]. 教育教学论坛，2023（14）：133–136.
[18]符艺，赵子博．大学美育的五重逻辑：基于中国传统美学思想的求索 [J]. 玉林师范学院学报，2023，44（2）：120–126.
[19]钟翼．美育涵养理工类大学生工匠精神的现实诉求、学理逻辑与实践路径 [J]. 大众文艺，2023（6）：119–121.
[20]邓欢，王涛．大学生思想政治教育与美育深度融合的理路 [J]. 学校党建与思想教育，2023（6）：71–73.
[21]杨玲玲．“数字中国”与高校大学生智慧美育新模式探究 [J]. 中国高等教育，2023（6）：42–45.
[22]董云霞．大学美育在中华传统艺术文化传承中的作用与途径 [J]. 新美域，2023（3）：125–127.
[23]宋溧俊．“以美育德”对大学生个体发展的价值意义 [J]. 中国高等教育，2023（5）：57–60.
[24]陈艳华．以美育提升大学生人文素养的路径探索——以呼伦贝尔学院为例 [J]. 呼伦贝尔学院学报，2023，31（1）：34–38，94.
[25]杜梁．当代大学生诗教美育价值初探 [J]. 海南热带海洋学院学报，2023，30（1）：78–86.
[26]韩艺．中国传统文化视域下的大学生美育——以“茶文化”为例 [J]. 福建茶叶，2023，45（2）：167–169.
[27]黄垭飞．新时代大学生美育的价值意蕴与实践探索 [J]. 重庆电子工程职业学院学报，2023，32（1）：50–55.
[28]杨伟祺，刘桂霖．反贪腐题材电影人物对大学生的美育意义——以《反贪风暴》系列为例 [J]. 山西大同大学学报（社会科学版），2023，37（1）：143–146.
[29]吕阿罹．广东技术师范大学美育浸润行动计划团队标志设计 [J]. 设计，2023，36（3）：2.
[30]李丹．高校公共艺术课程对大学生美育素养提升研究 [J]. 当代教研论丛，

2023，9（2）：121–124.

[31]赵静，魏荣.美育视域下大学生全面发展多维探析[J].中学政治教学参考，2023（4）：7–10.

[32]张雅婷，张科晓.美育融入大学生思想政治教育的意义和实现路径[J].教书育人（高教论坛），2023（3）：62–66.

[33]周纪来，朱一超.兼顾普及与提高的大学美育新模式的探索实践——以东华大学打造“民乐音画”、建立以“五个一”为载体的大学美育模式为例[J].艺术教育，2022（12）：254–257.

[34]郭静.美育融入高校大学生廉洁教育初探[J].宜春学院学报，2022，44（11）：120–124.

[35]王一川.文心涵濡：大学美育新方案[J].美育学刊，2022，13（6）：1–10.

[36]周粟.大学美育关乎大学生人格心灵的养成——王一川教授《大学美育》评介[J].美育学刊，2022，13（6）：124.

[37]单杰.美育教育赋能大学生美好生活的审美能力[J].中国高等教育,2022(21)：51–52，55.

[38]宋平，王萌.大学生美育教育创新策略探微[J].大众文艺，2022（24）：163–165.

[39]陈晓.新时代大学生美育教育教学改革的探索与实践[J].沈阳工程学院学报（社会科学版），2022，18（4）：134–138.

[40]田军.论新时代大学生生活美育实施的“三联动”原则[J].南京理工大学学报（社会科学版），2022，35（5）：73–79.

[41]孙文，帅英，吴永杰，等.美育视域下新时代大学生廉洁文化教育路径研究[J].兰州职业技术学院学报，2022，38（5）：17–19.

[42]吴文轲，饶妍.高校公共艺术课程：大学生新美育的价值实现[J].教育学术月刊，2022（9）：54–60.

[43]王淑红，胡雪妍.大学生美育与思政课程的探索与实践以通识课程《戏曲赏析》教学为例[J].中国戏剧，2022（9）：63–65.

[44]梅芬，陈铭彬.美育融入乡村振兴的内在机理与路径——兼论文旅融合下的“乡村美”[J].社会科学家，2022（6）：45–52.

[45]刘业伟，张春阳.大学生网络审美能力的培养——以吉林工商学院大学美育课程为例[J].吉林工商学院学报，2022，38（4）：126–128.

[46]秦良泽，陈付伟.地方高校大学生美育教育现状与创新策略研究[J].公关世

界，2022（16）：124–126.
[47]刘葱岺．从高等学校通识课看图书馆在大学美育中的作用 [J]. 内蒙古科技与经济，2022（15）：153–155.
[48]张怡钰，郭子维．基于西藏乡村儿童美育的大学生公益帮扶路径——以“看见温暖”高原公益及文创开发项目为例 [J]. 大众文艺，2022（15）：202–204.
[49]刘玉清，陈晓曼．美育全覆盖进程中大学美育的纵向衔接 [J]. 中国大学教学，2022（8）：68–73.
[50]王亚平，李扬．中华优秀传统汉字文化融入大学生美育文化教育路径研究 [J]. 汉字文化，2022（15）：165–167.
[51]曾青云．地方综合性大学美育舞蹈实践课程思政改革初探——以五邑大学非舞蹈专业学生舞蹈实践课程为例 [J]. 艺术评鉴，2022（14）：137–140.
[52]刘阳．数字经济时代下非遗文创在大学美育教学中的传承与创新 [J]. 湖北开放职业学院学报，2022，35（14）：1–2.
[53]“新时代中国美育理论”北京大学美育论坛暨高校优秀美育课程案例交流会召开 [J]. 美育学刊，2022，13（4）：121.
[54]齐晋．探析中华优秀传统文化与大学美育融合育人路径 [J]. 中国民族博览，2022（13）：85–87.
[55]肖璐．新时代大学生心理健康教育与美育协同发展的创新性研究 [J]. 科技风，2022（18）：10–12.
[56]李红．基于超星学习通的大学美育课程教学实践与研究 [J]. 黑龙江教师发展学院学报，2022，41（6）：41–43.
[57]周映辰．先贤人格和红色精神的音像塑造——以北京大学美育创新实践为例 [J]. 文艺论坛，2022（3）：115–118.
[58]史丽娜．自然美育进入大学美育体系的探索与反思 [J]. 新美域，2022（6）：137–139.
[59]舒小坚．构建“五位一体”高校美育教育的实践与探索——以江西财经大学美育教育为例 [J]. 新美域，2022（6）：140–142.
[60]郑小云，张鹏飞．大学生美育观建构的文化价值取向 [J]. 黑河学院学报，2022，13（12）：162–164.
[61]易扬扬．新时代下高校大学生美育教育现状与创新策略研究 [J]. 时代汽车，2022（11）：100–102.
[62]叶榕欣，乐上泓．“三全育人”视角下大学生艺术支教推进乡村美育的举措研

究——以闽江学院经济与管理学院暖风支教团“123”美育浸润工程为例 [J]. 艺苑，2022（6）：101–104.

[63]刘国权 . 美育优化大学生社会主义核心价值观教育的理论逻辑与实践进路 [J]. 佳木斯大学社会科学学报，2022，40（6）：75–79.

[64]陈元贵 . 挑战与应对：“大学美育”慕课建设策略研究 [J]. 河池学院学报，2022，42（6）：62–67.

[65]胡玲玲，姚通 .“大学美育”教材建设述评 [J]. 现代职业教育，2022（19）：76–78.

[66]张卉 . 大学美育教学的系统认识 [J]. 系统科学学报，2022，30（2）：100–104.

[67]周福盛，黄一帆 . 社会美育力量参与学校美育：价值、困境与路径 [J]. 中国电化教育，2022（1）：105–114.

[68]胡斌彬 . 美育融入大学生思想政治教育的有效路径 [J]. 林区教学，2022（4）：17–20.

[69]罗黛，田琦 . 高校美育育人体系长效机制研究与思考——以上海电力大学美育育人工作为例 [J]. 科学咨询（科技 · 管理），2022（4）：209–211.

[70]张俊杰 . 人文春草话美育文化育人沁心脾——张岂之先生的人文美育思想探析 [J]. 华夏文化，2022（1）：58–62.

[71]鄢冬，郭锦蓉 . 论话剧教学在大学美育体系中的位置及作用 [J]. 集宁师范学院学报，2022，44（2）：16–19，31.

[72]朱映瑜 . 探索美育视域下的大学生“三下乡”活动与乡村文化振兴融通路径——以五邑大学管弦乐团 2021 暑假三下乡活动为例 [J]. 中国民族博览，2022（5）：65–67.

[73]李宁 . 北京师范大学美育历程与代表人物（1902—2022 年）[J]. 艺术教育，2022（3）：21–24.

[74]蒯卫华，王钇丁，王一水 . 从《伟大征程》看北京师范大学美育实践嬗变——以音乐与舞蹈学科为例 [J]. 艺术教育，2022（3）：29–32.

[75]闫帮仁 . 先秦儒家美育思想特质及其当代大学生思想政治教育价值 [J]. 贵州师范学院学报，2022，38（2）：26–32.

[76]方叶惠子 . 大学生美育现状及提升路径研究——评《大学美育》[J]. 中国高校科技，2022（Z1）：134.

[77]王若伊 . 舞蹈在广西大学美育教育中的实践研究 [J]. 艺术评鉴，2022（3）：106–108.

[78]秦大伟．新时代艺术类大学生美育素养的培育研究 [J]. 四川戏剧，2021（12）：150–153.
[79]陈文苑，李红．非物质文化遗产融入大学美育课程的构想 [J]. 阿坝师范学院学报，2021，38（4）：97–102.
[80]沙家强．新时代“大学美育”教材体系构建与出版的实践研究 [J]. 中国大学教学，2021（12）：88–91.
[81]陈沛捷，郑苑婷．大学美育课程的综合性教学探索——以《中国青花瓷》教学设计为例 [J]. 陶瓷研究，2021，36（6）：78–80.
[82]张璐，牛昱坤．试论高校美育实践的创新路径——以北京大学生电影节为例 [J]. 美育，2021（6）：51–58.
[83]左玉玮，李晔．大学美育教学实践中的困境与探索 [J]. 华北水利水电大学学报（社会科学版），2021，37（6）：82–86.
[84]郭必恒，王一川．《大学美育》（全彩印刷）[J]. 文艺理论研究，2021，1（6）：157.
[85]李卫平．中华优秀传统文化与大学美育融合育人路径探索 [J]. 教育教学论坛，2021（47）：95–98.
[86]倪晓红．基于文化自信的大学生美育教育的建构与反思 [J]. 湖北开放职业学院学报，2021，34（21）：22–23.
[87]呼宇，苏金萍，程海艳．大学美育实践课程综合设计改革与研究 [J]. 美术教育研究，2021（18）：154–155.
[88]马宏霞．美育与大学生诚信问题探讨 [J]. 征信，2021，39（9）：77–80.
[89]侯坤，许静波．新时代大学生社会主义核心价值观教育的美育路径研究 [J]. 思想政治教育研究，2021，37（4）：120–124.
[90]周洁．大学美育课程体系建设的可实施策略分析 [J]. 大学，2021（31）：45–47.
[91]霍楷，马飞扬．一流大学美育教育机制建设及趋势研究 [J]. 创新创业理论研究与实践，2021，4（15）：91–93，96.
[92]李红超．大学美育与优秀传统文化相结合的教学研究——以艺术设计课程为例 [J]. 艺术教育，2021（6）：276–279.
[93]闵杰．网络时代下大学美育教育践行路径探索 [J]. 决策探索（下），2021（3）：72–73.
[94]吕崇文．老年开放大学美育课程探索——以四平老年开放大学为例 [J]. 吉林广

播电视大学学报，2020（12）：75–77.
[95]胡远远 . 基于审美感知能力培养的新时代大学美育探索 [J]. 美育学刊，2020，11（6）：20–26.
[96]李昊灿 . 新时代加强大学生美育的价值意蕴与实现路径 [J]. 扬州大学学报（高教研究版），2020，24（5）：109–118.
[97]颜佳玥 . 对构建中国特色现代高校美育评价体系的思考 [J]. 艺术评鉴，2020（19）：109–111.
[98]刘珊珊 . 基于高校安全文化建设的大学美育教学实践与探索 [J]. 美术教育研究，2020（15）：158–159.
[99]颜佳玥 . 关于提升大学美育课程有效性的教学策略研究 [J]. 大众文艺，2020（14）：197–198.
[100]周宪 . 全球视野下的大学美育 [J]. 美育学刊，2020，11（4）：1.
[101]刘钰涵，刘茂平 . 高校美育与大学生文化自信培育的融合 [J]. 学校党建与思想教育，2020（12）：65–67.
[102]张亚男 . 话剧运用于大学美育的实践探索及经验启示 [J]. 艺术教育，2020（4）：231–234.
[103]魏恒顺，王婧，陈勇，等 . 大学美育在医学生医德教育提升中的作用与实践探索——以西安交通大学为例 [J]. 中国医学伦理学，2019，32（9）：1226–1229.
[104]周宪 . 知行张力、多媒介性与感同体验——当前大学美育的三个问题 [J]. 美育学刊，2019，10（5）：1–10.
[105]梁嵩，胡玲玲 . 后现代主义思潮下的大学美育课程体系构建研究 [J]. 现代教育科学，2019（9）：152–156.
[106]王晓彤 . 高等院校美育课程现状以及对策研究 [J]. 视听，2019（8）：214–215.
[107]赵思童 . 美国雷德兰兹大学美育做法与启示 [J]. 中国高等教育，2019（5）：63–64.
[108]汤旭梅，李芳芳 . 城市型、应用型大学美育教育的创新与实践——以北京联合大学艺术学院为例 [J]. 北京联合大学学报，2018，32（4）：15–20.
[109]马亮 . 论美育对高校思想政治教育的积极影响——兼论《大学美育》[J]. 染整技术，2018，40（9）：100–101.
[110]王一川 . 美育树信仰——互联网时代大学美育的目标 [J]. 美育学刊，2018，9

（5）：25–30.

[111]骆斯琴．岭南文化传承视角下高职院校大学美育课程体系的构建 [J]. 太原城市职业技术学院学报，2018（8）：129–131.

[112]蔡劲松．通识教育视域中的大学美育 [J]. 北京教育（高教），2018（3）：10–12.

[113]陈元贵．自媒体时代“大学美育”通识课程的教材与教法 [J]. 中国大学教学，2015（3）：78–81.

[114]闫扬．大学生思想政治教育中的美育研究 [D]. 宁夏：北方民族大学，2022.

[115]李莉．人的全面发展视域下新时代大学生美育研究 [D]. 武汉：武汉科技大学，2022.

[116]余金燕．新时代大学生中华美育精神培育研究 [D]. 南昌：南昌大学，2022.

[117]杨丽娟．新时代地方高校美育现状与对策研究 [D]. 南昌：江西农业大学，2022.

[118]杨丹月．美育融入大学生思想政治教育的对策研究 [D]. 沈阳：沈阳农业大学，2022.

[119]赵亦菲．蔡元培美育思想与中国当代女大学生审美人格培养研究 [D]. 西安：西安美术学院，2022.

[120]李昊灿．高校美育的思想政治教育功能研究 [D]. 徐州：中国矿业大学，2021.

[121]张傲．“00 后”大学生审美现状调查与美育路径研究 [D]. 长春：吉林大学，2021.

[122]史壮壮．美育视域下大学生体育课程学习样态影响因素模型构建 [D]. 大连：辽宁师范大学，2021.

[123]麻建帅．大学生美育现状调查研究 [D]. 兰州：兰州交通大学，2021.

[124]徐彩鑫．美育促进大学生思想政治教育目的实现的对策研究 [D]. 长春：东北师范大学，2019.

[125]邓佳．高校美育课程研究 [D]. 重庆：西南大学，2019.

[126]柳森．美育不易，如何披荆斩棘 [N]. 解放日报，2024–02–19（011）.

[127]蒋月阳，王艺臻．美育之光，如熹微朝阳 [N]. 日照日报，2024–02–19（A01）.

[128]郭妍，潘瑞琪．以美育人向美而行 [N]. 陕西日报，2024–02–07（010）.

[129]孙明源．数字技术助力美育水平提升 [N]. 科技日报，2024–01–31（005）.

[130]Morton S .A Democratic Enlightenment：The Reconciliation Image，Aesthetic Education，Possible Politics[M].Duke University Press：2020–01–01.

[131] RAJA A .Beauty in the Age of Empire：Japan，Egypt，and the Global History of Aesthetic Education[M].Columbia University Press：2019-08-13.

[132] Gary P .Irony and Singularity：Aesthetic Education from Kant to Levinas[M]. Taylor and Francis：2017-09-08.

[133] Lentis M .Colonized through Art：American Indian Schools and Art Education，1889-1915[M].University of Nebraska Press;UNPNebraska：2017-01-01.

[134] Ueno M .Democratic Education and the Public Sphere[M].Taylor and Francis：2015-08-10.

[135] Crafting Creativity Creating Craft - Craftivism，Art Education，and Contemporary Craft Culture[M].Brill Sense：2014-01-01.

[136] 人民网。《人民日报》人民时评：把美育纳入学校人才培养全过程 [EB/OL].（2020-10-28）[2022-06-10].http：//opinion.people.com.cn/n1/2020/1028/c1003-31908449.html.